新能源汽车检测与维修岗课赛证融通系列教材

新能源汽车构造与检修

组　编　北京新能源汽车营销有限公司
主　编　于万海　周定武
副主编　冯　涛　高尚安　郭志勇　李爱军
参　编　易　娇　旷文兵　刘　骞　陈彦纶
　　　　黄志勇　霍志毅　王　鹏　申增闯
　　　　何晓鹏　王红伟　王悬悬　王　彪
　　　　曾显恒　赵　欣　邹会勉　李佳音
　　　　高　阳

机械工业出版社

《新能源汽车构造与检修》是面向中高职及技工院校的理实一体化教材,包括理论学习模块、实训任务模块、考核评分模块;采用汽车制造企业和汽车维修企业的真实案例和实际工作流程,力图使学生所学内容贴近一线工作实际情况。全书分为新能源汽车结构认知,动力蓄电池系统结构、原理与检修,驱动电机系统结构、原理与检修,高压电控系统结构、原理与检修,充电系统结构、原理与检修,共五个项目、十一个任务。

为方便教学,本书配套操作视频,扫描二维码即可观看学习;还配备了习题库,亦可扫描二维码进行线上答题练习。订购本教材的教师可以登录 www.cmpedu.com 注册后免费下载配套课件、习题和习题答案。

本书可作为中高职及技工院校新能源汽车、汽车检测维修等专业的教学用书,也可作为汽车售后服务人员的参考学习读物。

图书在版编目(CIP)数据

新能源汽车构造与检修/北京新能源汽车营销有限公司组编;于万海,周定武主编. —北京:机械工业出版社,2023.2
新能源汽车检测与维修岗课赛证融通系列教材
ISBN 978-7-111-72593-0

Ⅰ.①新… Ⅱ.①北…②于…③周… Ⅲ.①新能源-汽车-构造-职业教育-教材②新能源-汽车-车辆修理-职业教育-教材 Ⅳ.①U469.7

中国国家版本馆 CIP 数据核字(2023)第 024082 号

机械工业出版社(北京市百万庄大街 22 号 邮政编码 100037)
策划编辑:母云红　　　　　责任编辑:母云红
责任校对:梁　园　张　薇　封面设计:张　静
责任印制:单爱军
北京虎彩文化传播有限公司印刷
2023 年 4 月第 1 版第 1 次印刷
184mm×260mm・11 印张・268 千字
标准书号:ISBN 978-7-111-72593-0
定价:55.00 元

电话服务　　　　　　　　网络服务
客服电话:010-88361066　　机 工 官 网:www.cmpbook.com
　　　　　010-88379833　　机 工 官 博:weibo.com/cmp1952
　　　　　010-68326294　　金 书 网:www.golden-book.com
封底无防伪标均为盗版　机工教育服务网:www.cmpedu.com

新能源汽车检测与维修岗课赛证融通系列教材
编委会

顾　问　彭　钢　北京汽车蓝谷营销服务有限公司党委书记、总经理
　　　　　曹之明　北京中车行高新技术有限公司董事长
主　任　王春风　北京汽车蓝谷营销服务有限公司副总经理
副主任　冯　涛　北京汽车蓝谷营销服务有限公司首席专家
　　　　　王忠雷　北京汽车蓝谷营销服务有限公司客户服务部部长
　　　　　虞星汉　北京德和顺天科技有限公司总经理
　　　　　高窦平　云南交通运输职业学院副校长
　　　　　赵暨羊　杭州汽车高级技工学校副校长
　　　　　刘国军　山东理工职业学院汽车学院院长
　　　　　王洪广　柳州铁道职业技术学院装备制造学院院长
　　　　　肖　健　四川工程职业技术学院交通工程系主任
　　　　　叶升强　云南交通职业技术学院汽车与机电工程学院专业教师
　　　　　罗轶虎　云南红河技师学院交通运输系副主任
　　　　　黄春海　青岛市技师学院院长
　　　　　彭　勇　重庆城市管理职业学院院长
委　员　李　辉　于跃恒　曾　斌　陶钰宏　吴可新　张永星　张　催
　　　　　尹　洁　李佳音　高　阳　王怀国　廖　明　孙潇韵　字全旺
　　　　　张　丽　张小兴　李宪义　李　润　贺利涛　赵昌涛　彭　华
　　　　　周　鳌　谢占锦　张小兴

前　言　PREFACE

2020年9月22日，在第七十五届联合国大会一般性辩论上，国家主席习近平向全世界郑重宣布：中国"二氧化碳排放力争于2030年前达到峰值，努力争取2060年前实现碳中和"，这就是"3060"目标。随后，《2030年前碳达峰行动方案》等顶层文件出台，促使汽车产业加快绿色转型。2021年10月26日，国务院发布《2030年前碳达峰行动方案》，明确提出大力推广新能源汽车，逐步降低传统燃油汽车在新车产销量和汽车保有量中的占比。公安部发布数据显示，截至2022年6月底，全国新能源汽车保有量超过1001万辆，占汽车总量的3.23%。其中，2022年上半年新注册登记的新能源汽车达220.9万辆，与2021年上半年相比增加110.6万辆，增长率为100.26%，创历史新高。新能源汽车发展已是大势所趋。

目前，在我国市场销售的新能源车型有纯电动、混合动力、燃料电池电动汽车等几类，总体来说，纯电动汽车占比最大。我国汽车市场自主品牌、合资品牌、进口品牌均有新能源车型上市销售，且从2022年上半年的销售数据来看，新能源汽车销量排名前十的品牌除特斯拉外都是自主品牌。

随着新能源汽车市场占有率的增加，新能源汽车在客户使用、售后维护与修理等方面的问题也会逐步增加，这就要求广大汽车售后服务人员对新能源汽车的结构、原理、使用、维护和修理方法有进一步的了解和掌握，也对职业院校人才培养提出了新的方向和要求。

为培养紧跟行业发展、贴合企业需要的新能源汽车售后服务人才，北京新能源汽车营销有限公司组织多所汽车职业和技工院校以及教育部公布的"汽车运用与维修、智能新能源汽车1+X"证书制度试点职业教育培训评价组织单位共同编写了这套"新能源汽车检测与维修岗课赛证融通系列教材"。本套教材融合多年校企合作经验与成果、全国职业大赛参赛经验，紧跟行业技术发展现状，着力满足企业工作岗位需求，同时紧密契合院校课程体系建设，包括《新能源汽车构造与检修》《新能源汽车使用与安全防护》《新能源汽车维护》《新能源汽车底盘系统检修》《新能源汽车车身电气系统检修》《新能源汽车动力蓄电池与管理系统检修》《新能源汽车车载网络控制系统检修》；主要参编院校包括云南交通运输职业学院、湖南汽车工程职业学院、河北科技工程职业技术大学、北京交通运输职业学院、河南职业技术学院、云南机电职业技术学院、广州市交通技师学院、杭州汽车高级技工学校、山东工程技师学院、山西工程科技职业大学、四川工程职业技术学院、云南红河技师学院、保山技师学院等（排名不分先后顺序）。

本套教材是面向中高职及技工院校的理实一体化教材，包括理论学习模块、实训任务模块、考核评分模块；设置了案例解析内容，通过汽车制造企业和汽车维修企业的真实技术案例、实际工作流程，使读者对所学内容有更进一步的理解，力图使所学内容更贴近生产一线的工作实际情况。为方便教学，本书配套实操视频，扫描二维码即可观看学习；还配备了习题库，亦可扫描二维码进行线上答题练习。全书数字资源总码见下，扫描即可观看。订购本教材的教师可以登录 www.cmpedu.com 注册后免费下载配套课件、习题和习题答案。

《新能源汽车构造与检修》分为新能源汽车结构认知，动力蓄电池系统结构、原理与检修，驱动电机系统结构、原理与检修，高压电控系统结构、原理与检修，充电系统结构、原理与检修，共五个项目、十一个任务，可作为职业院校新能源汽车课程的教学用书，也可以作为新能源汽车售后服务人员学习使用的参考书。

在教材编写过程中得到北京德和顺天科技有限公司、北京中车行高新技术有限公司的大力支持，在此表示感谢！

由于编者水平有限，书中不足之处在所难免，欢迎广大读者批评指正。

编 者

二维码目录

素材名称	二维码	所在页码	素材名称	二维码	所在页码
高压电部件识别		7	实训任务四习题		51
实训任务一习题		8	驱动电机控制原理		57
插电式混合动力、燃料电池电动汽车简介		20	实训任务五习题		71
实训任务二习题		20	驱动电机检测		78
动力蓄电池内部部件识别		36	实训任务六习题		87
实训任务三习题		39	PEU 部件识别		95
动力蓄电池密封性测试		46	实训任务七习题		97

(续)

素材名称	二维码	所在页码	素材名称	二维码	所在页码
实训任务八习题		113	慢充信号检测		145
高压电控系统数据流读取与分析		115	实训任务十习题		148
实训任务九习题		132	实训任务十一习题		161

目 录 CONTENTS

前言

项目一 新能源汽车结构认知 001

任务一　纯电动汽车结构认知 …001
　一、电力驱动控制系统 …002
　二、汽车底盘 …005
　三、车身与纯电动汽车总体布局的特点 …006
【实训任务一】　认识新能源汽车的基本结构
　　　　　　　　及布置 …007
任务二　其他新能源汽车认知 …010
　一、混合动力电动汽车认知 …010
　二、燃料电池电动汽车认知 …013
　三、其他汽车代用燃料 …017
【实训任务二】　梳理其他新能源汽车的定义、
　　　　　　　　分类和发展方向 …020

项目二 动力蓄电池系统结构、原理与检修 023

任务一　动力蓄电池系统结构与原理认知 …023
　一、动力蓄电池系统的结构与原理 …023
　二、动力蓄电池参数解读 …029
　三、动力蓄电池管理系统的功能 …031
　四、动力蓄电池温度控制系统 …032
【实训任务三】　查找动力蓄电池铭牌与编号、
　　　　　　　　识别动力蓄电池内部结构及
　　　　　　　　含义 …036
任务二　动力蓄电池检修 …042
　一、动力蓄电池的密封性检测 …042
　二、动力蓄电池的均衡维护 …042
　三、动力蓄电池故障案例解析 …043
【实训任务四】　动力蓄电池拆装与密封性测试 …046

项目三 驱动电机系统结构、原理与检修 053

任务一　驱动电机系统认知 …053
　一、驱动电机系统的功能 …053
　二、驱动电机系统的结构、分类与原理 …054
　三、驱动电机钢印号、铭牌位置及技术参数 …066
　四、P位电机控制器原理 …068

【实训任务五】 查找驱动电机铭牌与钢印号位置
　　　　　　　并解读电机铭牌技术参数 …069
任务二　驱动电机检修 …073
　一、驱动电机的检测 …073
　二、驱动电机故障案例解析 …076
【实训任务六】 驱动电机总成拆装与检测 …078

项目四
高压电控系统结构、原理与检修
090

任务一　高压电控系统认知 …090
　一、高压电控系统的基本构成 …090
　二、新能源汽车高压电控系统的分类 …091
　三、PEU2.0构造与功能 …093
【实训任务七】 PEU拆装与识别 …095
任务二　高压电控系统原理认知 …100
　一、唤醒控制 …100
　二、高压上下电控制 …102
　三、动力蓄电池系统和驱动电机系统温度控制 …109
　四、12V电网充电控制 …111
【实训任务八】 车辆高压电控信号分析 …112
任务三　高压电控系统检修 …115
　一、高压电控系统数据采集及分析 …115
　二、高压电控系统故障案例解析 …119
【实训任务九】 高压电控系统故障诊断 …126

项目五
充电系统结构、原理与检修
134

任务一　慢充系统结构、原理与检修 …134
　一、充电方案概览 …134
　二、慢充系统原理与国标 …138
　三、慢充系统工作原理与常规检测 …141
　四、慢充系统故障案例解析 …143
【实训任务十】 慢充系统信号检测 …145
任务二　快充系统结构、原理与检修 …151
　一、快充系统结构原理 …152
　二、快充系统故障案例解析 …154
【实训任务十一】 快充系统信号检测 …159

参考文献
164

活页式教材使用注意事项

 根据需要,从教材中选择需要夹入活页夹的页面。

 小心地沿页面根部的虚线将页面撕下。为了保证沿虚线撕开,可以先沿虚线折叠一下。注意:一次不要同时撕太多页。

选购孔距为80mm的双孔活页文件夹,文件夹要求选择竖版,不小于B5幅面即可。将撕下的活页式教材装订到活页夹中。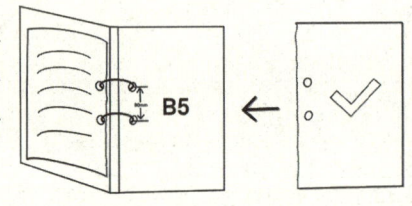

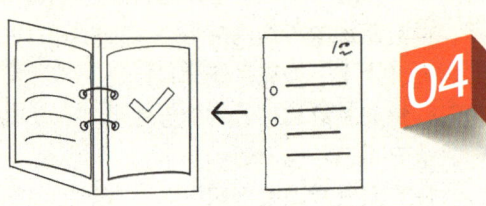 也可将课堂笔记和随堂测验等学习资料,经过标准的孔距为80mm的双孔打孔器打孔后,和教材装订在同一个文件夹中,以方便学习。

温馨提示:在第一次取出教材正文页面之前,可以先尝试撕下本页,作为练习

项目一
新能源汽车结构认知

任务一 纯电动汽车结构认知

【学习目标】

知识目标：
1）了解纯电动汽车的基本构成。
2）了解纯电动汽车未来发展趋势。

技能目标：
1）能够向客户讲解纯电动汽车与传统燃油汽车的异同点。
2）清楚纯电动汽车各总成的安装位置及功用。

素质目标：
1）培养学生独立学习职业领域的新知识、新技能。
2）加强学生对社会、对企业、对客户的责任意识。

【任务描述】

假如你是一家汽车4S店的服务人员，有客户进店想买一辆纯电动汽车，但想先了解一下纯电动汽车的结构及其与传统燃油汽车的差别。作为4S店的服务人员，请根据你所了解的纯电动汽车知识，向客户详尽地介绍纯电动汽车的结构及特点等。

【相关知识】

与传统燃油汽车相比，纯电动汽车（Battery Electric Vehicle，BEV）具有结构灵活的特点，这种灵活性源于纯电动汽车具有以下几个特点。首先，纯电动汽车的能量主要是通过柔性的电缆而不是刚性联轴器和转动轴传递的，因此，纯电动汽车各部件的布置具有很大的灵活性。其次，纯电动汽车驱动系统的布置不同，如独立的四轮驱动系统和轮毂电机驱动系统等，会使其系统结构与传统燃油汽车区别很大；采用不同类型的电机，如直流电机和交流电机,会影响到纯电动汽车的重量、外形尺寸和造型;不同类型的储能装置,如动力蓄电池,也会影响纯电动汽车的重量、外形尺寸及造型。最后,不同的能源补充装置具有不同的硬件和结构,例如,动力蓄电池可通过感应式和接触式的充电机充电,或者采用更换动力蓄电池的方式,将替换下来的动力蓄电池再进行集中充电。

纯电动汽车的结构主要由电力驱动控制系统、汽车底盘、车身以及各种辅助装置等部分组成。除了电力驱动控制系统,其他部分的功能及其结构组成基本与传统燃油汽车相同,不过有些部件根据所选的驱动方式不同,已被简化或省去了。所以电力驱动控制系统既决定了整个纯电动汽车的结构组成及其性能特征,也是纯电动汽车的核心,它相当于传统燃油汽车中的发动机与其他功能机构以机电一体化方式相结合,这也是区别于传统燃油汽车的最大不同点。

一、电力驱动控制系统

电力驱动控制系统的组成如图1-1所示,按工作原理可划分为车载电源模块、电力驱动主模块和辅助模块三大部分。

1. 车载电源模块

车载电源模块主要由动力蓄电池、能源管理系统和充电控制器三部分组成。

(1) 动力蓄电池

动力蓄电池是纯电动汽车的唯一能量来源,它除了供给汽车驱动行驶所需的电能外,也是供应汽车上各种辅助装置的工作电源。动力蓄电池的布置形式示例如图1-2所示。电机驱动一般要求为高压电源,并且所采用的电机类型不同,其要求的电压等级也不同。为满足该要求,可以用多个单体蓄电池(也叫电芯)串联成96~384V的高压直流蓄电池组,再通过DC/

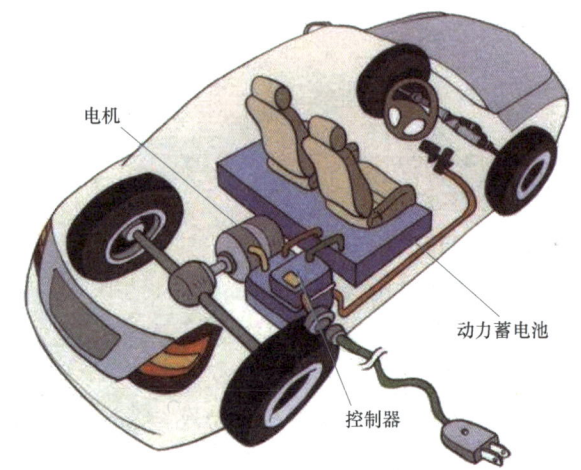

图1-1 纯电动汽车电力驱动控制系统的组成

DC变换器(DC是Direct Current的缩写,即直流电)供给所需的不同电压。也可按所需的电压等级,直接由蓄电池组合成不同电压等级的蓄电池组,不过这样会给充电和能源管理带来相应的麻烦。另外,由于制造工艺等因素,即使同一批次的蓄电池其电解液浓度和性能也会有所差异,所以在安装蓄电池组之前,要求对各个蓄电池进行认真的检测并记录,尽可能把性能接近的蓄电池组合成同一组,这样有利于动力蓄电池组性能的稳定和延长使用寿命。

(2) 能源管理系统

能源管理系统常称为动力蓄电池管理系统(Battery Management System,BMS),其主要功能是在汽车行驶中进行能源分配,协调各功能部分工作的能量管理,使有限的能量源最大限度地得到利用。能源管理系统与电力驱动主模块的中央控制单元配合在一起控制发电回馈,在纯电动汽车降速制动和下坡滑行时进行能量回收,从而有效地利用能源,提高纯电动汽车的续驶能力。能源管理系统还需与充电控制器一同控制充电。为提高动力蓄电池性能的稳定性和延长使用寿命,需要实时监控电源的使用情况,对蓄电池的温度、电解液浓度、蓄电池内阻、蓄电池端电压、当前蓄电池剩余电量、放电时间、放电电流或放电深度等蓄电池

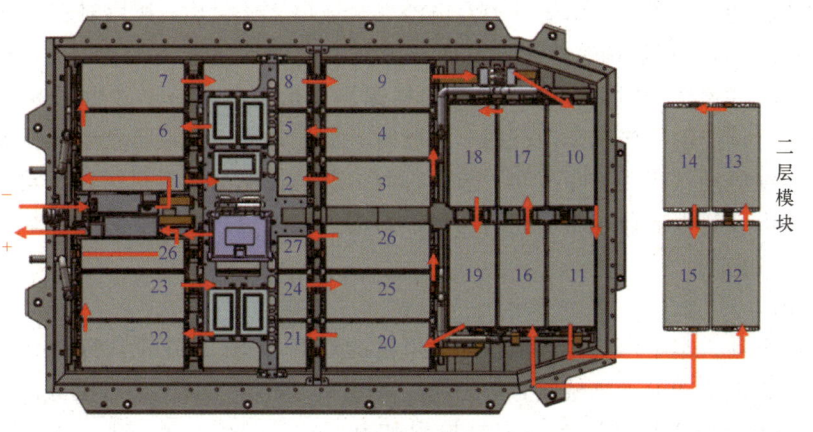

图 1-2 动力蓄电池布置形式示例

状态参数进行检测,并按蓄电池对环境温度的要求进行调温控制,通过限流控制避免蓄电池过充、放电,对有关参数进行显示和报警,其信号流向辅助模块的驾驶舱显示操纵台,以便驾驶人随时掌握并配合其操作,按需要及时对蓄电池充电并进行维护保养。

(3) 充电控制器

充电控制器是把电网供电制式转换为对动力蓄电池充电要求的制式,即把交流电转换为相应电压的直流电,并按要求控制其充电电流。充电器开始时为恒流充电阶段,当蓄电池电压上升到一定值时,充电器进入恒压充电阶段,输出电压维持在相应值,充电器进入恒压充电阶段后,电流逐渐减小。当充电电流减小到一定值时,充电器进入涓流充电阶段。有些新能源汽车采用脉冲式电流进行快速充电。

2. 电力驱动主模块

电力驱动主模块主要由中央控制单元、驱动控制器、电机、机械传动装置组成。

(1) 中央控制单元

中央控制单元不仅是电力驱动主模块的控制中心,也要对整辆纯电动汽车的控制起到协调作用。它根据加速踏板与制动踏板的输入信号,向驱动控制器发出相应的控制指令,对电机进行起动、加速、降速、制动控制。在纯电动汽车降速和下坡滑行时,中央控制器配合车载电源模块的能源管理系统进行发电回馈,使蓄电池反向充电。对于与汽车行驶状况有关的速度、功率、电压、电流及有关故障诊断等信息还需传输到辅助模块的驾驶舱显示操纵台进行相应的数字或模拟显示,也可采用液晶屏幕显示来提高其信息量。另外,如驱动采用轮毂电机分散驱动方式,当汽车转弯时,中央控制器也需与辅助模块的动力硬件连线,提高可靠性。现代汽车控制系统已较多地采用了计算机多中央处理器(Central Processing Unit,CPU)总线控制方式,特别是对于采用轮毂电机进行前后四轮驱动(Wheel Drive 4,4WD)控制的模式,更需要运用总线控制技术来简化纯电动汽车内部线路的布局,提高其可靠性,也便于故障诊断和维修,并且采用该模块化结构,一旦技术成熟其成本也将随批量的增加而大幅下降。

(2) 驱动控制器

驱动控制器的功能是按中央控制单元的指令、电机的转速和电流反馈信号,对电机的转速、驱动转矩和旋转方向进行控制,因此又叫电机控制单元(Motor Control Unit,MCU)。驱动控制器与电机必须配套使用,目前对电机的调速主要采用调压、调频等方式,这主要取决于所选用的驱动电机类型。由于动力蓄电池以直流电方式供电，所以对直流电机主要是通过 DC/DC 变换器进行调压调速控制的；而对于交流电机需通过 DC/AC 变换器（AC 是 Alternating Current 的缩写，即交流电）进行调频调压矢量控制；对于磁阻电机是通过控制其脉冲频率来进行调速的。当汽车进行倒车行驶时，需通过驱动控制器使电机反转来驱动车轮反向行驶。当纯电动汽车处于降速和下坡滑行时，驱动控制器使电机运行于发电状态，电机利用其惯性发电，将电能通过驱动控制器回馈给动力蓄电池，所以驱动控制器与蓄电池电源的电能流向是双向的。

（3）电机

电机在纯电动汽车中承担着电动机和发电机的双重功能，即在正常行驶时发挥其主要的电动机功能，将电能转换为机械旋转能；而在降速和下坡滑行时又进行发电，将车轮的惯性动能转换为电能。对电机的选型一定要根据其负载特性来选，通过对汽车行驶时的特性分析，可知汽车在起步和上坡时要求有较大的起动转矩和相当的短时过载能力并有较宽的调速范围和理想的调速特性，即在起动低速时为恒转矩输出，在高速时为恒功率输出。电机与驱动控制器所组成的驱动系统（图 1-3）是纯电动汽车中最为关键的部件，纯电动汽车的运行性能主要取决于驱动系统的类型和性能，它直接影响着车辆的各项性能指标，如车辆在各工况下的行驶速度、加速与爬坡性能以及能源转换效率。

图 1-3　电机驱动系统示例

（4）机械传动装置

纯电动汽车传动装置的作用是将电机的驱动转矩传输给汽车的驱动轴，从而带动汽车车轮行驶。由于电机本身就具有较好的调速特性，其变速机构可被大大简化，较多的是为放大电机的输出转矩仅采用一种固定的减速装置。又因为电机可带负载直接起动，即省去了传统燃油汽车的离合器。由于电机可以容易地实现正反向旋转，所以也就无须通过变速器中的倒档齿轮组来实现倒车。对电机在车架上合理布局即可省去传动轴、万向节等传动链。当采用轮毂式电机分散驱动方式时，又可以省去传统汽车的驱动桥、机械差速器、半轴等一切传动部件，因此，该驱动方式也可称为"零传动"方式。纯电动汽车传动装置按所选驱动结构可以有多种组合方式。

3. 辅助模块

辅助模块包括辅助动力源、动力转向单元、驾驶舱显示操纵台和各种辅助装置等。各个装置的功能与传统燃油汽车上的基本相同，其结构原理依纯电动汽车的特点和需求有所区别。

（1）辅助动力源

辅助动力源是供给纯电动汽车其他各种辅助装置所需的动力电源，一般为 12V 或 24V 的直流低压电源，它主要给动力转向、制动力调节控制、照明、空调、电动窗门等各种辅助装置提供所需的能源。

（2）动力转向单元

转向装置是为实现汽车的转弯而设置的，它由转向盘、转向器、转向传动机构等组成。

作用在转向盘上的控制力，通过转向器使转向机构使转向轮偏转一定的角度，实现汽车的转向。为提高驾驶人的操控性，现代汽车都采用了动力转向，较理想的是采用电子控制动力转向（Electronic Power Steering，EPS）系统。电子控制动力转向系统主要有电控液压转向系统和电控电动转向系统两类，对于纯电动汽车，较适于选用电控电动转向系统。多数汽车为前轮转向，而工业用电动叉车常采用后轮转向。为提高汽车转向时的操纵稳定性和机动性，较理想的是采用四轮转向系统，而对于采用轮毂式电机分散驱动的纯电动汽车，由于电机控制响应转速的提高，可更容易地实现四轮电子差速转向控制。另外，为配合转弯时左右两侧车轮有相应的差速要求，还需同时控制电子差速器协调工作。

(3) 驾驶舱显示操纵台

驾驶舱显示操纵台类似于传统燃油汽车驾驶舱的仪表板，不过其功能根据纯电动汽车驱动的控制特点有所增减，其信息指示更多地选用数字或液晶屏幕显示。

(4) 各种辅助装置

纯电动汽车的辅助装置主要有照明、各种声光信号装置、车载音响设备、空调、刮水器、风窗除霜清洗器、电动门窗、电控玻璃升降器、电控后视镜调节器、电动座椅调节器、车身安全防护装置控制器等。它们主要是为提高汽车的操控性、舒适性、安全性等而设置的，有些是必要的，有些是可选装的。与传统燃油汽车一样，这些辅助装置大都有成熟的专用配件供应。不过选用时应考虑到纯电动汽车能源不富裕的特点，特别是空调所消耗的能量比较大，应尽可能从节能方面考虑。

你知道吗？

相比于传统燃油汽车，新能源汽车的内部电路结构通常都比较复杂，还涉及高压线路安全问题，因此，其工作人员不仅要求具备扎实的专业理论知识，更需要踏实、稳重的态度。

二、汽车底盘

汽车底盘是整个汽车的基体，不仅起着支承蓄电池、电机、驱动控制器、汽车车身、空调及各种辅助装置的作用，同时也将电机的动力进行传递和分配，并按驾驶人的意图（加速、减速、转向、制动等）行驶。电动汽车底盘结构如图1-4所示。按传统燃油汽车的分类，汽车底盘应包括传动系统、行驶系统、转向系统和制动系统四大系统。对于纯电动汽车，其传动系统根据所选驱动方式不同，不少被简化或干脆省掉。行驶系统包括车桥、车架、悬架、车轮与轮胎，其中车桥如采用轮毂电机驱动也可省去；车架是整个汽车的装配基体，其作用主要是支承连接汽车的各零部件，承受来自车内和车外的各种载荷；悬架是车架（或车身）与车轮（或车桥）之间的一切传力连接装置的总称，它主要由弹性元件、减振器和导向机构等组成。它与充气轮胎一起缓和不平路面对车辆的冲击振动；车轮主要由轮辋、轮辐等组成，其内部还需安装制动器，并还可能需要安装轮毂电机，所以结构会很紧凑；为减小纯电动汽车行驶时的滚动阻力，轮胎采用子午线轮胎为好。制动系统由供能装置、控制装置、传动装置、制动器四个基本部分组成，按其功用不同分为行车制动系统、驻车制动系统、应急制动系统和辅助制动系统等。对于纯电动汽车，由于可利用电机实现再生制动进行能量回收,并且还可利用电磁吸力实现电磁制动,因此随着技术的发展其制动系统也将会有较大变化。

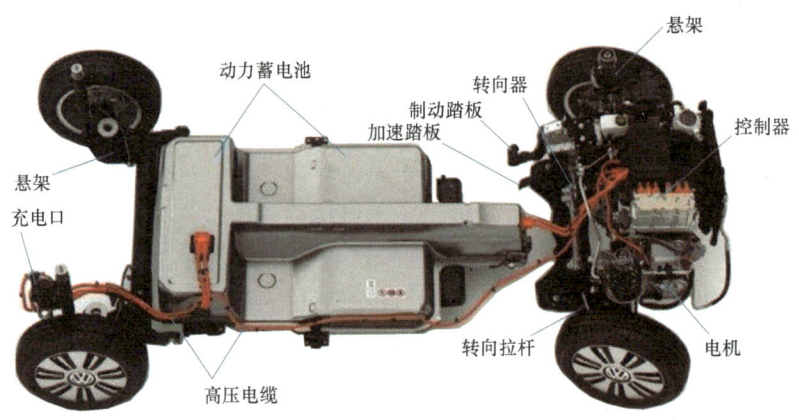

图 1-4 电动汽车底盘结构

三、车身与纯电动汽车总体布局的特点

汽车车身主要由车身壳体、开启件(各种门、窗、行李舱和车顶盖等)、各种座椅、内外饰附件和安全保护装置(保险杠、安全带、安全气囊等)等组成。针对纯电动汽车能源少的特点,对汽车车身的外形造型应尽可能缩小其迎风面积来降低空气阻力,并采用轻型高强度材料来减轻汽车自身的重量。对车内的各个部件的布局也相当重要,纯电动汽车各部件的布置具有较大的灵活性,并且动力蓄电池组也可分散布置,作为配重物来布局。纯电动汽车各个部件总体布局的原则:符合车辆动力学对汽车重心位置的要求,并尽可能降低车辆重心高度。特别是对于采用轮毂电机驱动实现"零传动"方式的纯电动汽车,不仅去掉了发电机、冷却液系统、排气消声系统和油箱等相应的辅助装置,还省去了变速器、驱动桥及所有传动链,既减轻了汽车自重,也留出了许多空间,其结构可以说发生了脱胎换骨的变化,车辆的整个结构布局需重新设计全面考虑各种因素。另外,由于增加了许多动力蓄电池的重量,对于安装动力蓄电池部位的车架强度必须有所考虑,同时为了方便动力蓄电池的充电、维护、更换,对动力蓄电池安装方法和位置也要考虑其方便性,对环境温度有要求的动力蓄电池还需考虑散热空间及调温控制,为确保安全还需采取密封等预防措施,以防车辆发生撞击事故时,电解液泄漏伤及人身安全,并应有防火等措施。通过上述对纯电动汽车的结构分析,可知它有多种组合方式,并且所需部件结构、种类也大不相同。随着技术的成熟和推广普及,究竟采用哪种结构方式其性价比最好还需要由实践来确定。与传统燃油汽车一样,新能源汽车的性价比需要各部件成熟的专业生产方式的全面配套、大规模的流水装配制造工艺和相应生产管理方式等。相信随着这一系列配套技术的成熟,新能源汽车的性价比必将为大众所接受。

另外,对于纯电动汽车能量不富裕的缺点,随着动力蓄电池技术的研究发展其性能将进一步提高,这方面必有较大改观。而且更主要的是,随着纯电动汽车的普及推广,还需与传统燃油汽车的加油站类似,配套建设各种形式的"加电站",如采用快速更换蓄电池或快速充电的方法。快速充电法也可采用信用卡刷卡或投币的方法来实现无人化自动"加电站",目前对于电动自行车充电的这种无人化自动"加电站"已在部分城市的超市门口等公共场所设置。

➡ 小知识:"三纵三横"的研发布局

> 2001年,我国将新能源汽车研发列入了"十五"国家863计划重大专项,形成了以纯电动、插电式混合动力、燃料电池三条技术路线为"三纵",以动力蓄电池、驱动电机、动力总成电子控制系统(人们常常将这三种部件合称为三电)三种共性技术为"三横"的新能源汽车研发布局。"三纵三横"研发布局的形成,为我国新能源汽车的产业化打下了稳定的产业链基础。

【实训任务一】 认识新能源汽车的基本结构及布置

实训场地和器材

新能源作业工位、新能源汽车、举升机、车型手册。

作业准备

1)检查举升机。
2)检查车辆是否工作正常,动力蓄电池电量是否充足。
3)检查计算机或者手机是否能正常上网。

扫一扫 ➡ 高压电部件识别

操作步骤

1)熟悉车钥匙的使用,练习开锁、闭锁及机械锁的使用。
2)熟悉灯光系统。
3)认知车辆内部结构,掌握中控台的使用。
4)认识车辆外观结构及各总成结构和安装位置。
5)熟悉充电端口指示灯及如何对该车辆进行充电。
6)完成实训总结,并完成工作任务单。

竣工检验

整理、恢复作业场地。

实训任务总结

_____

_____

认识新能源汽车的基本结构及布置	工作任务单	班级：
		姓名：
项目		车型：
尺寸参数	整车长度/mm	
	整车宽度/mm	
	整车高度/mm	
	轴距/mm	
通过性参数	接近角/离去角/(°)	
	最小离地间隙/mm	
质量参数	整备质量/kg	
	整备前/后轴荷/kg	
动力蓄电池	厂家	
	电芯形式	
	动力蓄电池电量	
	冷却方式	
驱动电机	厂家	
	电机形式	
	电机功率	
NEDC[①] 续驶里程/km		
最高车速/(km/h)		
开始量产(SOP)时间		
实训任务记录		

扫一扫 实训任务一 习题

① NEDC 的含义请参见项目二中的动力蓄电池参数解读。

认识新能源汽车的基本结构及布置		实习日期：	
姓名：	班级：	学号：	导师签名：
自评：□熟练□不熟练	互评：□熟练□不熟练	师评：□合格□不合格	
日期：	日期：	日期：	

认识新能源汽车的基本结构及布置【评分细则】

序号	评分项	得分条件	分值	评分要求	自评	互评	师评
1	作业前准备及工作态度	□1. 能正确检查车辆是否工作正常 □2. 能正确检查动力蓄电池电量是否充足 □3. 能进行工位清洁	15	未完成1项扣5分	□熟练 □不熟练	□熟练 □不熟练	□合格 □不合格
2	整车识别	□1. 遥控钥匙的使用 □2. 汽车外部识别 □3. 中控台的使用 □4. 各总成结构识别 □5. 各总成安装位置识别	35	未完成1项扣7分	□详尽 □不详尽	□详尽 □不详尽	□合格 □不合格
3	语言表达及识别能力	□1. 讲解纯电动汽车的结构 □2. 讲解纯电动汽车的特点 □3. 讲解纯电动汽车的充电方式 □4. 讲解各总成安装位置及作用 □5. 对照相关参数讲解该车型技术亮点	50	未完成1项扣10分	□熟练 □不熟练	□熟练 □不熟练	□合格 □不合格

总分：

任务二　其他新能源汽车认知

【学习目标】

知识目标：
1) 了解新能源汽车的定义及分类。
2) 了解新能源汽车发展现状及关键技术。

技能目标：
1) 能说出几种新能源汽车的类型。
2) 识别混合动力电动汽车的结构及类型。

素质目标：
1) 培养学生的语言表达能力、与客户的沟通能力。
2) 增强学生的环保意识和创新意识。

【任务描述】

小李同学在假期勤工俭学期间接触过甲醇汽车。在该车的产品说明书上，标注着甲醇汽车也是新能源汽车。小李同学感到很困惑，甲醇汽车和平时学习的新能源汽车不太一样。那么，除了纯电动汽车，新能源汽车还有哪些类型呢？

【相关知识】

一、混合动力电动汽车认知

1. 混合动力电动汽车的概念

从广义上讲，混合动力电动汽车（Hybrid Electric Vehicle，HEV）指至少有两种动力源，靠其中一种或多种动力源提供部分或者全部动力的车辆，也称复合动力汽车，如图1-5所示。实际中，混合动力电动汽车多指以传统内燃机和电机作为动力源（图1-6）混合使用热能和电能的汽车。

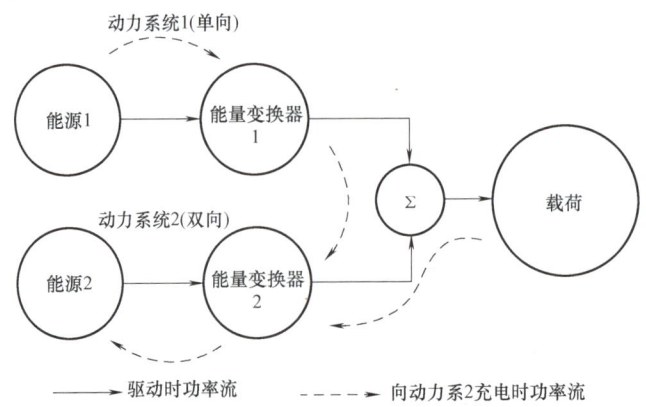

图1-5　混合动力电动汽车驱动系统示意图

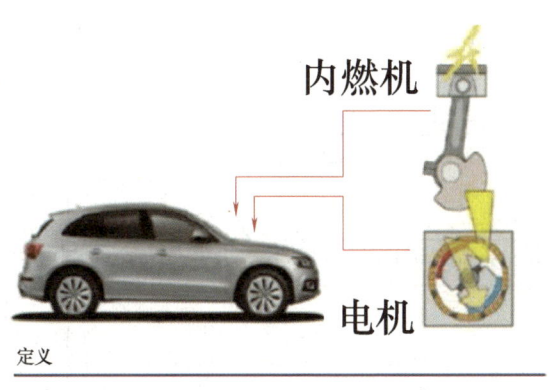

图 1-6　以内燃机和电机作为动力源的混合动力电动汽车

2. 混合动力电动汽车的类型

（1）按照动力系统结构形式分类

本书将混合动力电动汽车按照动力系统结构形式分为串联式、并联式、混联式和复合式四种，有的书将复合式看作混联式中的一种。

1）串联式混合动力系统。图 1-7 所示为串联式混合动力系统示意图。串联式混合动力系统的关键特征是在功率变换器中，功率变换器将两种不同的电能整合到一起，起电功率耦合的作用，控制从动力蓄电池组和发电机到电动机的功率流，或反向控制从电动机到动力蓄电池组的功率流。燃油箱、发动机和发电机组成基本能源，而蓄电池则起能量缓冲作用。

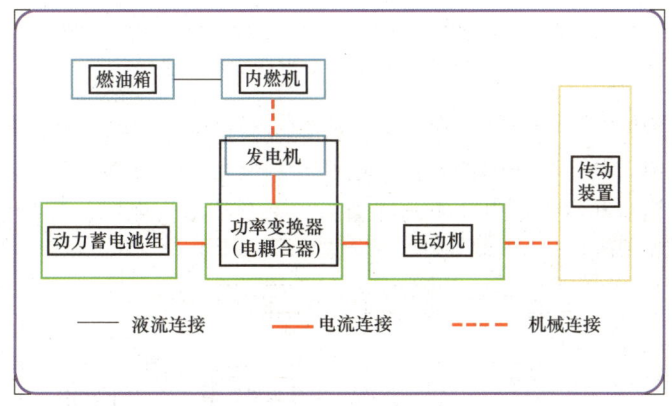

图 1-7　串联式混合动力系统示意图

2）并联式混合动力系统。图 1-8 所示为并联式混合动力系统示意图。它的关键特征是在机械耦合器中，两个机械功率被加在一起，发动机是基本能源设备，而动力蓄电池和电动机驱动装置则组成能量缓冲器，此时功率流仅受动力装置发动机和电动机控制。

3）混联式混合动力系统。图 1-9 所示为混联式混合动力系统示意图。这一构造是串联式和并联式结构的组合，它具有两者的主要特性，相比于串联式或并联式的结构，它拥有更多的运行方式。

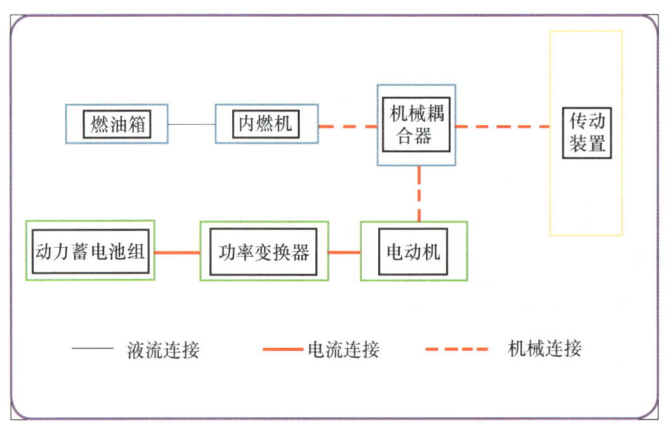

图 1-8　并联式混合动力系统示意图

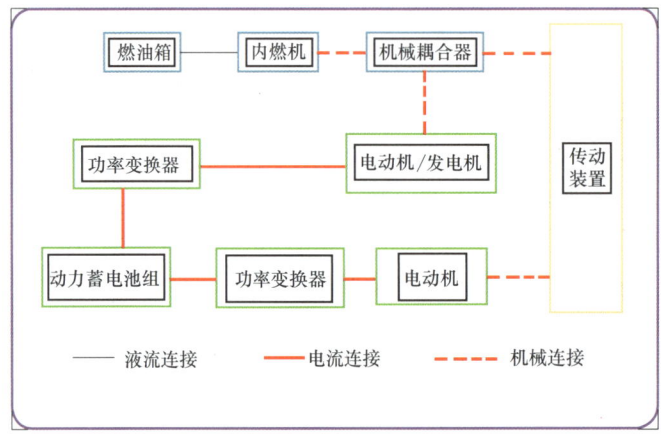

图 1-9　混联式混合动力系统示意图

4）复合式混合动力系统。图 1-10 所示为典型的复合式混合动力系统的示意图。它具有与混联式相似的结构。两者唯一的差异在于电耦合功能由功率变换器转移到动力蓄电池，并且在电动机或发电机组和动力蓄电池组之间加入了一个功率变换器。

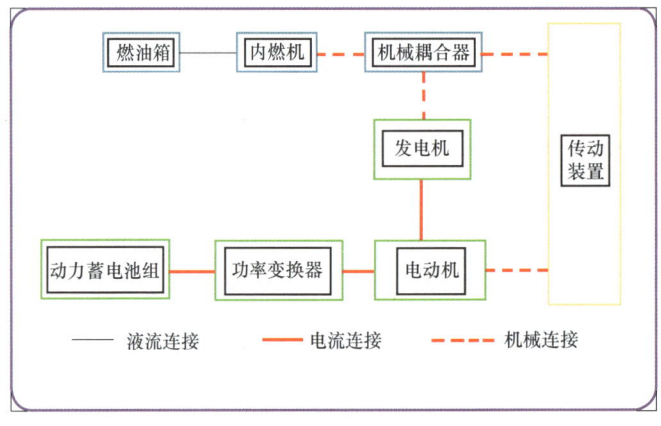

图 1-10　复合式混合动力系统示意图

(2) 按照混合程度分类

根据混合动力系统中电机输出功率在整个系统输出功率中所占的比重,混合动力系统可分为微混、轻混、中混、完全混合四种。

1) 微混合动力系统。微混合动力系统在传统内燃机上的起动电机上加装了传动带驱动起动电机,用来控制发动机的起动和停止,从而取消了发动机的怠速,降低了油耗和排放。

2) 轻混合动力系统。轻混合动力系统除了能够实现用发电机控制发动机的起动和停止,还能够实现在减速和制动工况下,对部分能量进行回收;在行驶过程中,发动机等速运转,发动机产生的能量可以在车轮的驱动需求和发电机的充电需求之间进行调节。

3) 中混合动力系统。中混合动力系统采用的是高压电机。另外,中混合动力系统还增加了一个功能:在汽车处于加速或者大负荷工况时,电动机能够辅助驱动车轮,从而补充发动机本身动力输出的不足,从而更好地提高整车的性能。

4) 完全混合动力系统。完全混合动力系统中电机和内燃机都可以独立(或在一起)驱动车辆。因此,在低速、缓加速行驶(如交通堵塞、频繁起步和停车)、车辆起步行驶和倒车等情况下,车辆可以纯电动模式行驶;急加速时电机和内燃机一起驱动车辆,并有制动能量回收的能力。完全混合动力系统的代表车型是丰田公司的普锐斯。

(3) 按照外接充电能力分类

按照外接充电能力,混合动力电动汽车分为可外接充电式混合动力汽车和不可外接充电式混合动力汽车。其中,常见的插电式混合动力电动汽车(Plug-in Hybrid Electric Vehicle, PHEV)即属于可外接充电式混合动力汽车。

插电式混合动力电动汽车是一种将纯电动系统和现有燃油动力系统相结合的产物。车辆带有外接插入式充电系统,因此可以单独利用电机行驶较长距离,将内燃机的工作比例进一步缩小,提供更好的节油比例(但会消耗一定的电能)。同时,插电式混合动力电动汽车还解决了目前纯电动汽车续驶里程短的问题。

(4) 增程式电动汽车

增程式电动汽车(Range Extended Electric Vehicle, REEV)是一种在纯电动模式下可以达到其所有的动力性能,而当车载可充电储能系统无法满足续驶里程要求时,可打开车载辅助供能装置为动力系统提供电能,以延长续驶里程的电动汽车,且该车载辅助供电装置与驱动系统没有传动轴(带)等传动连接。

二、燃料电池电动汽车认知

随着世界经济与人口的快速增长,人们对石油等资源的需求越来越大。传统的化石燃料正面临枯竭的危险,同时,石油等资源的利用也不可避免地带来环境的污染,为了给子孙后代创造可持续的发展环境,我们亟须发展一种全新的"清洁"汽车。燃料电池电动汽车(Fuel Cell Electric Vehicle, FCEV)作为一种理想的传统汽车替代方案有着其固有的优势,本节将以典型的燃料电池汽车为例,介绍燃料电池汽车的主要结构、技术特点,并对燃料电池汽车的发展进行概括。

1. 燃料电池概述

燃料电池(Fuel Cell)是一种通过氧化还原反应将燃料(如氢气)转换成电力的装置,最早由英国物理学家威廉·格鲁夫爵士发明,由于燃料电池具有质量能量密度高、能量输出稳定、可靠性高、不产生有害排放物（一般只生成水）、使用成本低廉等优点，燃料电池获得了较快的发展。

2. 燃料电池汽车的分类

（1）按燃料种类分类

按燃料种类分类，燃料电池电动汽车可分为以纯氢气为燃料的燃料电池汽车和以天然气、汽油等富含氢原子的烃类物质经改质后产生的氢气等为燃料的燃料电池汽车。

（2）按电源系统的配置不同分类

按电源系统的配置不同分类，燃料电池电动汽车可分为燃料电池直接驱动型、燃料电池与蓄电池混合电源型、燃料电池与超级电容器混合电源型和燃料电池与蓄电池及超级电容多电源型。

3. 燃料电池汽车的结构原理

燃料电池汽车以燃料电池与辅助电池作为车辆能源。下面以 Honda FCX Clarity 为例简要介绍氢燃料电池电动汽车的结构。

Honda FCX Clarity 采用氢气作为车辆燃料电池的能源，如图 1-11 所示，Honda FCX Clarity 可以通过加氢站向车辆添加燃料，据本田（Honda）官方数据，Honda FCX Clarity 在一次加满燃料时，可以连续行驶 570km，最高时速达 160km/h。

图 1-11 2010 Honda FCX Clarity

（1）车辆的结构

Honda FCX Clarity 的外形和内部空间结构与其他燃油汽车基本相同，区别在于动力系统。动力系统结构主要由动力控制单元、储氢瓶、电机、燃料电池系统、高功率的蓄电池等组成，如图 1-12 所示。

（2）燃料电池

燃料电池是一个复杂的系统，由燃料和氧化剂供给系统、水管理系统、热管理系统以及控制系统等几个子系统组成，如图 1-13 所示。

燃料电池含有两个电极，分别充满电解液，而两个电极间则为具有渗透性的薄膜。氢气由阳极进入供给燃料，氧气或空气由阴极进入电池。进入电池的氢气在催化剂的作用下，阳极的氢原子分解成氢质子与电子，其中质子进入电解液中，被氧"吸引"到薄膜的另一边，电子经由外电路形成电流后，到达阴极。在阴极催化剂的作用下，质子、氧及电子发生反应

图 1-12　Honda FCX Clarity 汽车的结构

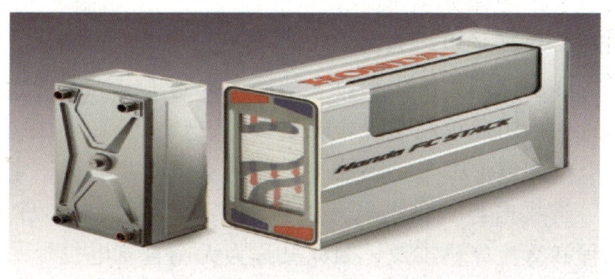

图 1-13　Honda FCX Clarity 的燃料电池组

生成水分子,如图 1-14 所示。这是水的电解反应的逆过程,因此,水是燃料电池唯一的排放物。

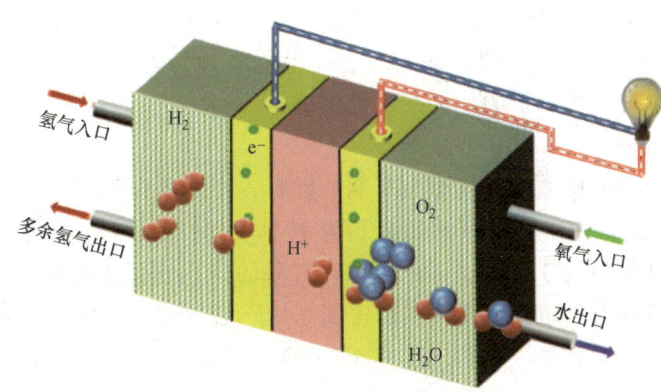

图 1-14　燃料电池工作原理

(3) 永磁同步电机

Honda FCX Clarity 采用全新的功率达 100kW 的新型永磁同步电机(Permanent Magnet Synchronous Motor,PMSM),如图 1-15 所示,与上一代相比,整体动力单元的质量功率密度提高 1 倍,体积功率密度提高 1.2 倍,实现了轻质小型化和高功率的高度统一;此外,节能性提高 20%,续驶里程提高 30%。

Honda FCX Clarity 所使用的电机是一款永磁同步电机,它与普通的电机相比,永磁同步电机装有转子永磁体位置检测器,用来检测磁极位置,并以此对电枢电流进行控制,达到对永磁同步电机驱动控制的目的。

永磁同步电机相比于其他电机的优势则主要表现在因为永磁体取代了绕组，所以结构更加简单且可靠；因为电机转速与电源频率保持同步关系，所以通过控制电源就可以控制电机的转速。再加上体积小、质量小并且结构坚固等特点，以及相对而言较低的成本，使得永磁同步电机十分适合在电动汽车上应用。

图 1-15　Honda FCX Clarity 永磁同步电机

同时，永磁电机由于永磁体无须电流励磁，转子没有损耗，提高了电机效率；同时，因取消了滑环和电刷，简化了转子结构，提高了电机的可靠性。但电机必须由变频器供电加上转子位置检测闭环控制系统才能运行。

当反电势和供电电流的波形都是正弦波时，称为永磁同步电机，它与电励磁同步电机有相似的内部电磁关系。当反电势和供电电流的波形都是矩形波时，称为矩形波永磁同步电机，其内部的电磁过程和直流电机类似，因此又称为无刷直流电机。

（4）高性能锂离子蓄电池

Honda FCX Clarity 氢燃料电池汽车采用了一块高性能的聚合物锂离子蓄电池作为汽车的辅助能源（工作电压为 288V 的锂离子蓄电池）。Honda FCX Clarity 采用了可插电的设计，可以允许在车辆不用时通过普通的家用电源对锂离子蓄电池进行充电。

Honda FCX Clarity 允许车辆在低速时只依靠锂离子蓄电池行驶，并且可以通过制动能量回收系统（可以将制动时损失的部分动能转变成为电能）为锂离子蓄电池进行再充电。同时，锂离子蓄电池还可以为车辆的电子系统提供电力。

（5）燃料存储装置

Honda FCX Clarity 采用高压氢气作为车辆的燃料，由于要存储大量的氢气以满足长距离行驶的燃料要求，Honda FCX Clarity 采用容积为 171L 的高压气罐作为燃料存储装置，高压气罐可以承受的最高压力约 35MPa，因此可以在有限的体积内存储尽量多的氢气。

综上所述，一般的燃料电池汽车主要由电机系统、燃料电池系统以及燃料存储装置和传统的机械结构组成，其中燃料电池系统、燃料存储系统以及电机系统是车辆的核心。电机用于为车辆提供动力，燃料电池可以为电机提供电能，储气罐为燃料电池提供能源，蓄电池或者超级电容作为电机与燃料电池之间的能量缓冲装置，更有利于提高车辆的能量利用效率。

4. 燃料电池汽车的优点

燃料电池的诸多优点使得其在汽车上有广泛的应用前景。

（1）清洁无污染

燃料电池汽车在运行过程中完全不排放污染物，只生成水，是完全意义上的"清洁汽车"。

（2）燃料补充方便

纯电动汽车充电时间较长，一次充电完成需要 7~8h，而且充满电后续驶里程较短。而燃料电池汽车可以像传统燃油汽车一样方便地补充燃料，而且充满燃料后一般的续驶里程可达到400km以上，甚至超过很多传统的使用燃油的汽车。

(3) 效能高

燃料电池汽车有极高的能源利用效率。由于燃料电池本身就是一种效率极高的能量生成装置，加上车辆合理的设计（如再生制动系统的使用、辅助电池的应用），使得燃料电池汽车具有极高的能源利用效率。

(4) 动力性能优异

燃料电池可以持续稳定地输出电力，加上高性能电机的应用，使得燃料电池汽车具有极佳的动力性能。以奔驰B级紧凑型轿车F-Cell燃料电池为例，其采用的同步电机最大输出功率可达100kW，峰值转矩可达290N·m；动力系统的性能远超普通的2.0L自然吸气式汽油发动机，并且拥有良好的燃油经济性，其燃料消耗仅仅相当于百公里耗油3.3L（价格上）。

5. 燃料电池汽车的缺点

燃料电池汽车虽然较传统的燃油汽车、混合动力电动汽车以及纯电动汽车有技术上的优势，但是却一时难以普及，原因是多方面的。

(1) 燃料电池的成本过高

燃料电池的成本过高是制约燃料电池汽车发展的最大阻碍，早期燃料电池采用贵重的铂金属催化剂，使得其成本居高不下，虽然近几年通过世界各地科研人员的不懈努力，已经开发出了新型的无铂催化剂，使得电池成本有了明显的降低，但是仍然没有降到可以进行大规模普及的程度。

(2) 配套设施建设成本较大

目前最方便的加氢站建设方案就是在传统加油站的基础上进行改造。以美国为例，如果将全美的加油站全部改造成加氢站，将至少花费15亿美元，这笔钱并不算少。

(3) 氢气制取存在困难

目前仍然不能以较低成本大量制取氢气，现阶段主要通过煤炭与水的反应、天然气重整以及电解水等方式生产氢气。这些方法无一例外的存在成本较高的缺点。

燃料电池汽车凭借其独特的技术，其优势在不久的将来有可能替代传统的内燃机汽车、混合动力电动汽车甚至是纯电动汽车，成为我们日常生活必不可少的一部分。但从目前情况看，燃料电池汽车如果想要在产业化发展方面取得突破，还需要着力解决辅助设施建设和成本过高这两个方面的问题。首先，在辅助设施建设上还需要加快燃料电池汽车所需的加气站的建设，同时改善氢气的制取工艺，设法降低氢气的制取、运输、存储成本。其次，燃料电池极高的成本极大地限制了燃料电池汽车的发展与应用，能否降低燃料电池的生产成本将极大地影响燃料电池汽车及燃料电池技术的普及。

三、其他汽车代用燃料

我国汽车进入高速发展期，截至2021年年底，我国汽车保有量达3.02亿辆。为满足汽车所用汽柴油，全国需用石油量2010年为4.2亿t，2020年为6.3亿t，而我国自产石油最多到2亿t/年，尚需进口2.2亿~4.3亿t/年，这将不可避免地引发能源供应紧张。

如何在石油紧缺的时代，针对我国的自然条件和能源资源特色，逐步改变汽车的能源结构，发展汽车清洁代用燃料，在发动机上实现高效、低污染的燃烧，控制汽车发动机有害排放对我国城市大气质量带来的日趋严重的影响，已成为我国能源与环境研究中的课题。

1. 醇类燃料

醇类燃料甲醇和乙醇，具有辛烷值高、汽化潜热大、热值较低等特点。作为汽车燃料（图 1-16），醇类燃料自身含氧，在发动机燃料中可提高氧燃比，CO 和 HC 的排放比汽油和柴油低，几乎无碳烟排放；另外，由于汽化潜热高，可降低进气温度，提高发动机的充气效率，使最高燃烧温度降低，从而降低 NO_x 的排放。

图 1-16　醇类燃料汽车

清洁醇基代用燃料是以甲醇、乙醇（或混合醇）为原料，用高新技术成果——清洁醇基代用燃料助溶剂合成的 M 系列液体燃料。根据市场需要可以单烧，也可以把甲醇部分添加在成品柴油、汽油中掺烧。不同型号的醇基代用燃料能够替代柴油、汽油，分别满足工业锅炉、窑炉等固定装置的热量需要和柴油、汽油发动机的动力要求，达到节省石油资源、减少排气污染、降低燃油成本、促进资源高效利用等目的。

清洁醇基代用燃料 M20 型可替代柴油、汽油，作为发动机的清洁燃料，应用于汽油车、柴油车、拖拉机、发电机、渔船，可以同成品柴油、汽油通用。可以在发动机不做改动或是很少改动的情况下，满足发动机经济性、动力性和环保的要求。发动机 500h 耐久性试验后，发动机燃油系统、机械磨损都正常，主要配合间隙没有超差。

醇类燃料甲醇可由一氧化碳和氢气合成制得，因此它可从煤、天然气和油页岩中制取。乙醇可利用发酵的方法，从甘蔗、玉米、薯类等农作物及木质纤维素中提取。这些原料不仅储量大，而且大都可再生，是一种可再生能源。存在的问题是乙醇制取能耗较大、成本较高，需在生产技术上寻求突破，降低能耗和成本。令人欣喜的是，近年来在降低乙醇制取能耗和成本上取得了较大的突破，乙醇燃料的应用已经有了非常广泛的前景。

2. 天然气和液化石油气

天然气（NG）和液化石油气（LPG）由于具有低的污染物排放，被认为是内燃机的较理想代用燃料，已经成功地应用于汽油机（图 1-17）。作为车用燃料 LPG 的主要成分是丙

图 1-17　天然气汽车

烷、丁烷和少量烯烃和戊烷。LPG 辛烷值高,燃料费比汽油、柴油等便宜,CO、NO_x 等有害物排放量低于汽油机排放,基本上无黑烟和颗粒物(PM),发动机工作噪声低。

天然气的主要成分是甲烷(一般为 83%~99%)及少量其他烃类和 CO 等,天然气具有较高的辛烷值,抗爆燃性能好,与汽油相比,燃烧更完全。

3. 氢气

氢气(H_2)长期以来主要用作宇宙飞行器的发射和推进燃料。作为汽车燃料,氢气辛烷值高,发动机热效率高,发动机可在空气过量系数较大的情况下稳定燃烧,点火能量低,不到汽油最低点火能量的 1/10,且氢气燃料燃烧的火焰传播速度快,低温下易起动,其燃烧生成物主要是 H_2O 和 NO,不产生 HC、CO 和碳烟排放。缺点是在发动机上使用存在回火、早燃及燃烧控制等问题尚待解决。制氢成本和供应设施与燃料电池相同。

4. 太阳能汽车

太阳能汽车(图 1-18)顾名思义就是靠太阳能驱动的汽车,这是与传统的热机驱动的汽车最大的不同点。其实太阳能汽车从某种意义上讲也是电动汽车,不同点在于电动汽车的蓄电池是靠工业电网充电的,太阳能汽车用的则是太阳能电池,而太阳能电池的作用就是将太阳能转换为电能。

这个定义其实包含两种太阳能汽车的类型:一种是以装在车身表面的太阳能电池所带的电能为驱动能源的汽车;另一种是通过装在车身外部的太阳能电池得到的电能为车载蓄电池充电,再利用车载蓄电池的电源作为驱动能源的汽车。

太阳能电池板收集太阳光和照射在其表面上的其他形式的光,内部建立了电场便产生了电流。太阳能汽车在晴天行驶时,开始运行阶段,此时太阳光转化的电能直接被传送到电动机控制系统,随着行驶时间的增加,来自太阳能电池板的能量将超过电动机控制器系统的范围。当太阳能汽车停车不用时,此时太阳能电池板产生的能量被蓄电池储存起来。

图 1-18 太阳能汽车

太阳能汽车的特有优势:太阳能汽车作为一种能源来自太阳的真正绿色能源汽车,相对于传统汽车而言有着其特有的使用优势。太阳能汽车以光电代燃油,可节约有限的石油资源。白天,太阳能电池把光能转换为电能自动存储在蓄电池中,在夜间还可以利用低谷电(220V)充电。

课堂讨论

> 近几年新能源汽车发展迅速,外观越来越漂亮,续驶里程越来越长,各项性能指标不断完善,谁才是新能源汽车的未来?你会选择购买吗?接下来就让我们一起分享一下吧!

【实训任务二】 梳理其他新能源汽车的定义、分类和发展方向

实训器材

计算机或者手机。

作业准备

1）检查计算机供电是否正常或者手机的电量是否充足。
2）检查计算机或者手机是否能正常上网。

扫一扫 → 插电式混合动力、燃料电池电动汽车简介

操作步骤

1）通过计算机或者手机上网收集新能源汽车的类型，记录其主要特点。
2）通过计算机或者手机上网收集插电式混合动力电动汽车的类型及工作原理。
3）通过计算机或者手机上网收集目前燃料电池汽车的使用情况，记录其相关性能参数。
4）通过计算机或者手机上网收集氢动力汽车目前的发展及使用情况。
5）对自己收集的资料进行整理，大家互相分享新能源汽车目前的发展情况及未来的发展趋势。

竣工检验

整理、恢复作业场地。

实训任务总结

_____
_____
_____
_____
_____
_____
_____
_____
_____
_____

扫一扫 → 实训任务二 习题

梳理其他新能源汽车的定义、分类和发展方向	工作任务单	班级：
		姓名：

1. 作业场地准备：

检查计算机供电是否正常或者手机的电量是否充足	□是 □否
检查计算机或者手机是否能正常上网	□是 □否

2. 参照下图，简述燃料电池汽车的组成及各总成的功用。

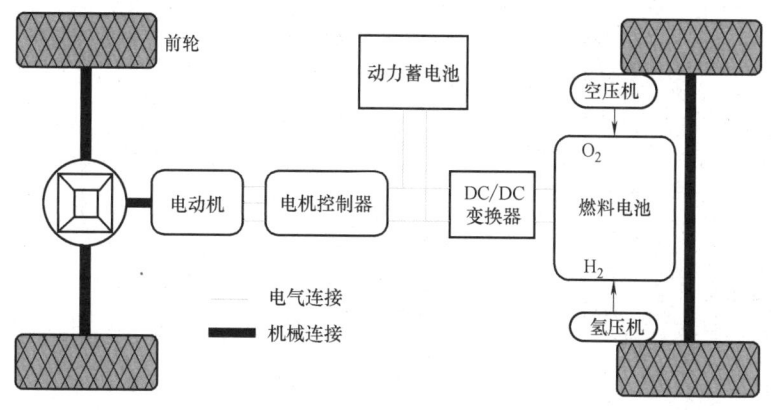

_____
_____
_____
_____
_____

3. 参照下图，简述燃料电池的工作原理。

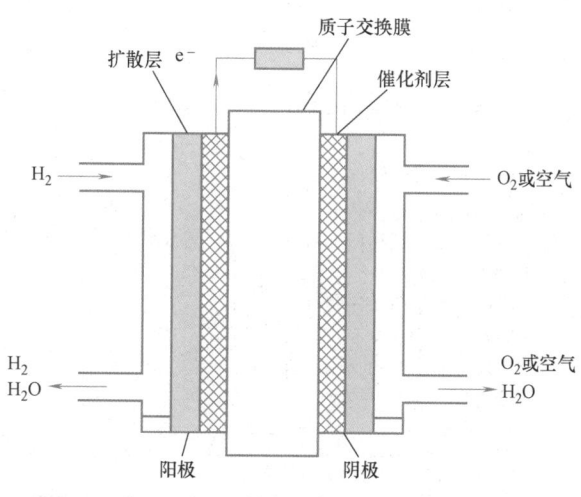

_____
_____
_____

梳理其他新能源汽车的定义、分类和发展方向				实习日期：	
姓名：		班级：		学号：	导师签名：
自评：□熟练□不熟练		互评：□熟练□不熟练		师评：□合格□不合格	
日期：		日期：		日期：	

梳理其他新能源汽车的定义、分类和发展方向【评分细则】

序号	评分项	得分条件	分值	评分要求	自评	互评	师评
1	作业前准备及工作态度	□1. 能进行计算机供电或者手机电量检查 □2. 能进行计算机或者手机联网情况检查 □3. 能进行工位清洁	15	未完成1项扣5分	□熟练 □不熟练	□熟练 □不熟练	□合格 □不合格
2	资料收集整理能力	□1. 阐述新能源汽车的定义 □2. 阐述新能源汽车有哪些类型 □3. 阐述混合动力电动汽车有哪些类型 □4. 阐述混合动力电动汽车的特点 □5. 阐述国内新能源汽车发展情况	35	未完成1项扣7分	□详尽 □不详尽	□详尽 □不详尽	□合格 □不合格
3	语言表达能力	□1. 讲解新能源汽车有哪些类型 □2. 讲解混合动力电动汽车的类型及特点 □3. 讲解燃料电池汽车的原理及特点 □4. 讲解醇类汽车的使用情况及特点 □5. 讲解太阳能汽车的使用情况及特点	50	未完成1项扣10分	□熟练 □不熟练	□熟练 □不熟练	□合格 □不合格

总分：

项目二
动力蓄电池系统结构、原理与检修

任务一　动力蓄电池系统结构与原理认知

【学习目标】

知识目标：
1）理解动力蓄电池的结构与原理。
2）理解动力蓄电池参数的含义。
3）理解蓄电池管理系统（BMS）的功能。
4）理解动力蓄电池温度控制系统。

技能目标：
1）能够正确拆装动力蓄电池外壳。
2）能够正确识别动力蓄电池部件。
3）能够正确查找动力蓄电池铭牌及编码位置。

素质目标：
1）操作过程中互相学习、团队合作，培养团队合作意识，锻炼沟通能力与动手能力。
2）熟悉规范作业流程，服从管理并严格执行，养成做事严谨认真的工作习惯。

【任务描述】

4S店里有一辆新能源汽车的动力蓄电池正在拆解，学徒小明不知道动力蓄电池铭牌信息的含义是什么，也不知道内部的部件有什么功能。小明做事比较严谨，不懂的东西总是先问明白结构、原理、操作流程和信息含义再动手。你可以帮助他弄明白这些问题吗？

【相关知识】

一、动力蓄电池系统的结构与原理

动力蓄电池是电池中的一种，为车辆提供动力来源。汽车种类不同，动力源也不尽相同。在传统燃油汽车或燃料电池汽车中,蓄电池既可扮演汽车动力源的角色,也可充当辅助动力源的角色。而纯电动汽车的动力蓄电池是其唯一的动力源。

1. 动力蓄电池系统结构及铭牌基本信息

动力蓄电池系统(图 2-1)具有安全性高、寿命长、性能优的特点,一般由动力蓄电池模块、总正高压电器盒、总负高压电器盒、蓄电池管理系统、电流传感器、高压母线、低压线束、热管理组件、铭牌及编码、蓄电池箱及防护结构等部件构成。

图 2-1 动力蓄电池

动力蓄电池模块的组成如图 2-2 所示。

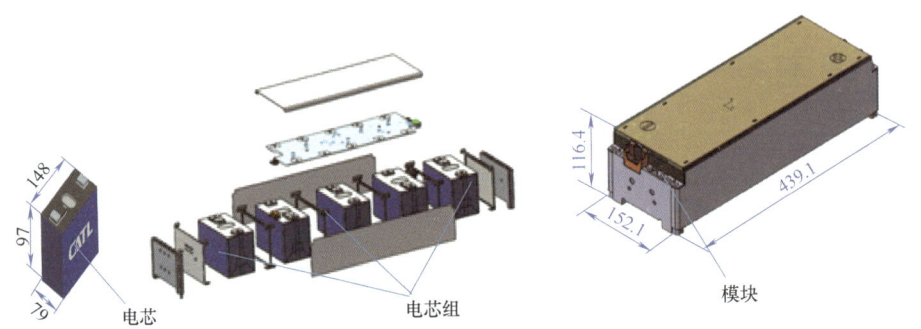

图 2-2 动力蓄电池模块的组成

(1)电芯

单体蓄电池又称电芯,是构成动力蓄电池的最小单元,一般由电极、隔膜、电解质、外壳及端子等构成,可实现电能与化学能之间的直接转化。表 2-1 为不同类型的电芯分类。

表 2-1 电芯分类

分类方式	类型
外形	圆柱形、方形
外壳	硬壳(钢壳、铝壳)、软包(铝塑膜)
材料	锂离子蓄电池、镍氢蓄电池、磷酸铁锂蓄电池、三元材料蓄电池等

圆柱形电芯一般采用钢壳,也有铝壳,尺寸小,成组灵活;大尺寸散热差,成本低。方形电芯早期采用钢壳的多,现在采用铝壳的居多,散热好;成组方便易设计,可靠性好,尺寸变化需要开模具,成本高;其内有防爆阀,更安全。软包铝塑膜电芯尺寸变化灵活,成本低;电芯能量密度高,但是机械强度差,封口工艺较难;成组结构复杂,散热设计不易,无防爆装置。

(2)蓄电池电芯组

蓄电池电芯组即一组并联的单体蓄电池的组合,该组合额定电压与单体蓄电池的额定电压相等,是单体蓄电池在物理结构和电路上连接起来的最小分组,可作为一个单元替换,但不能直接应用到车辆上。

(3)蓄电池模块

动力蓄电池模块由若干单体蓄电池(电芯)按照串联、并联或串并联方式组合,并作为电源使用的组合体。蓄电池模块也称蓄电池组。

（4）高压电器盒

1）总正高压电器盒一般由主正继电器、预充继电器、预充电阻、高压母线连接线和电器盒插件等部件组成，如图2-3所示。

2）总负高压电器盒一般由主负继电器、加热熔断器、加热继电器、高压母线连接线和电器盒插件等部件组成，如图2-4所示。

图2-3　总正高压电器盒　　　　　　　图2-4　总负高压电器盒

（5）动力蓄电池插接件

动力蓄电池插接件一般由高压正极、高压负极和蓄电池端低压插件等部件组成，如图2-5所示。

（6）BMS

BMS即动力蓄电池管理系统（模块），又分为主控制器板（主板）（图2-6b）和从控制器板（从板）（图2-6a）。

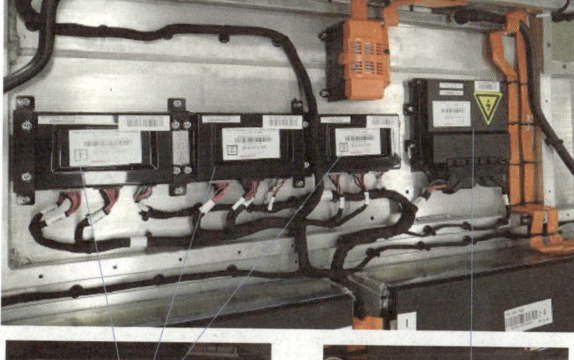

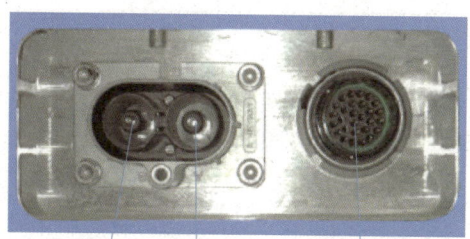

图2-5　动力蓄电池插接件　　　　　　图2-6　BMS的主从板布局

（7）霍尔式电流传感器

霍尔式电流传感器一般安装在主负侧高压母线上，用于检测送到 BMS 控制器的电流信号，如图 2-7 所示。

（8）动力蓄电池铭牌的基本信息

动力蓄电池铭牌的基本信息包括产品型号、生产编号、标称电压、产品能量、产品质量、标称容量、生产厂商等，如图 2-8 所示。其中动力蓄电池型号 PNCM-310-150-358 的含义见表 2-2。

图 2-7 霍尔式电流传感器

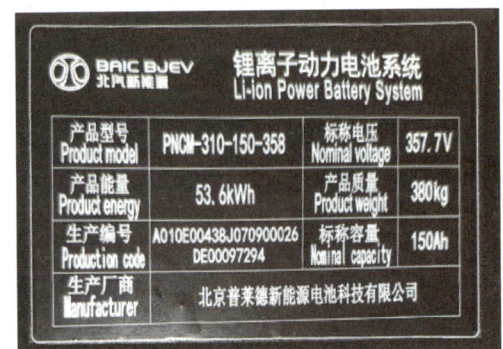

图 2-8 动力蓄电池铭牌

表 2-2 动力蓄电池型号的含义

代码	含义	代码	含义
P	普莱德	150	额定容量为 150A·h
NCM	镍钴锰	358	蓄电池系统电压平台为 358V
310	项目代号		

动力蓄电池编号记录有供应商编码、生产日期、流水号、平台号和零部件号等，如图 2-8 所示。

动力蓄电池编号 A010E00438J070900026DE00097294 的含义见表 2-3。

表 2-3 动力蓄电池编号

动力蓄电池编号	含义	动力蓄电池编号	含义
A010E00438	供应商编码，共 10 位	D	平台号，共 1 位
J0709	生产日期，共 5 位	E00097294	零部件号，共 9 位
00026	流水号，共 5 位		

2. 快换模式动力蓄电池系统结构组成

通过对动力蓄电池进行集中存储、集中充电、统一配送，在车辆电量不足时，可以在快换站内对动力蓄电池进行更换。相比于普通的充电模式，快换模式解决了里程焦虑、充电难、电池衰减、电池易自燃等问题。同时，快换模式采用车电分离模式，有效降低了购车成本。

以北京-EU5 快换模式动力蓄电池为例，快换模式动力蓄电池一般由动力蓄电池、快换支架、高压线束及相关插接件等部件组成，如图 2-9 所示。

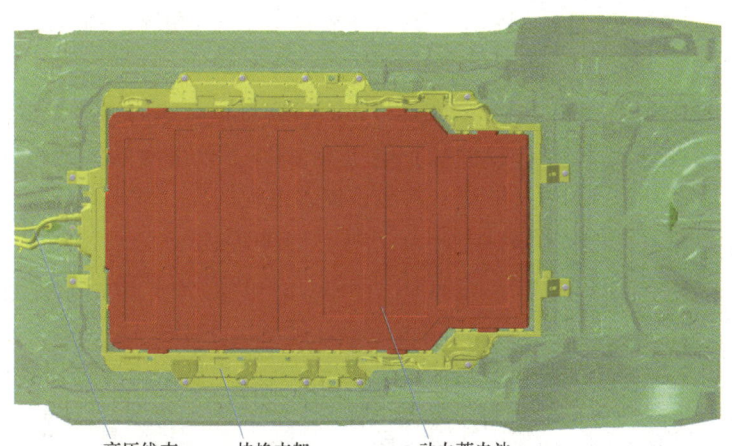

高压线束　　　快换支架　　　动力蓄电池

图 2-9　快换模式动力蓄电池系统结构

动力蓄电池与快换支架组（图 2-10），通过换电站的停车台，换电设备拆下亏电的动力蓄电池，将满电的动力蓄电池快速安装到车辆上，此过程仅需 3min 左右。

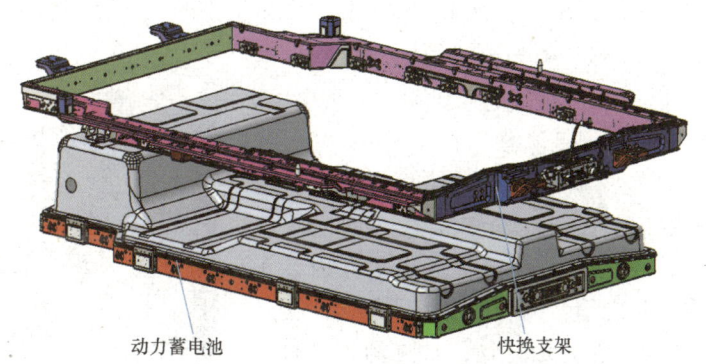

动力蓄电池　　　　　　　　快换支架

图 2-10　动力蓄电池与快换支架组

3. 动力蓄电池原理

新能源汽车的动力蓄电池种类有镍氢蓄电池、磷酸铁锂蓄电池、钴酸锂蓄电池和三元材料（镍钴锰酸锂）蓄电池等。

（1）镍氢蓄电池

镍氢蓄电池是碱性电池，正极为 $Ni(OH)_2$，以活性金属氢化物为负极，也称储氢合金，电极为储氢电极。镍氢蓄电池的标称电压为 1.2V，充电截止电压为 1.4V，放电截止电压为 0.9V 左右。以镍氢蓄电池作为动力蓄电池，其能量密度约为 70~100W·h/kg。镍氢蓄电池的充、放电化学反应如下。

$$正极：Ni(OH)_2 + OH^- \rightleftharpoons NiOOH + H_2O + e^-$$

$$负极：M + xH_2O + xe^- \rightleftharpoons MH_x + xOH^-$$

$$总反应：xNi(OH)_2 + M \rightleftharpoons xNiOOH + MH_x$$

反应式从左到右的过程为充电过程（M：氢合金，H_x：吸附氢），反应式从右到左的过程为放电过程。充电时正极的 $Ni(OH)_2$ 和 OH^- 反应生成 $NiOOH$ 和 H_2O，同时释放出 e^-，储氢合金储氢。放电时相反，MH_x 和 OH^- 生成 H_2O 和 e^-，储氢合金释放氢。

优点：耐过充，环保，循环寿命长。缺点：自放电大，充电效率低且高温稳定性低。

（2）磷酸铁锂蓄电池

磷酸铁锂蓄电池是以 $LiFePO_4$ 为正极材料、石墨为负极材料的锂离子蓄电池，标称电压为 3.2V，充电截止电压为 3.7V，放电截止电压为 2.3V。以磷酸铁锂蓄电池作为动力蓄电池，其能量密度约为 140~150W·h/kg。磷酸铁锂蓄电池的充、放电化学反应如下。

$$负极反应：xLi^+ + xe^- + 6C \rightleftharpoons Li_xC_6$$

$$正极反应：LiFePO_4 \rightleftharpoons Li_{1-x}FePO_4 + xLi^+ + xe^-$$

$$总反应式：LiFePO_4 + 6xC \rightleftharpoons Li_{1-x}FePO_4 + Li_xC_6$$

蓄电池放电时，锂离子从负极石墨晶体中脱出，进入电解液后穿过隔膜，同时负极释放电子，经外电路和负载到达正极，为外界提供能量。蓄电池充电发生与此相反的化学反应。充电时，磷酸铁锂中的锂离子脱出，经电解液后穿过隔膜传递到负极，同时从正极释放出电子，自外电路到达负极。

优点：高温稳定性佳，安全性高，循环寿命长。缺点：能量密度低，怕低温。

（3）三元材料蓄电池

三元材料蓄电池是以镍钴锰酸锂 Li(NiCoMn)O_2 为正极的三元复合材料蓄电池，又称三元锂电池，标称电压 3.6V，充电截止电压 4.15V，放电截止电压 2.7V。以三元材料蓄电池作为动力蓄电池，其能量密度约为 200W·h/kg 以上。

优点：能量密度高，低温性好，循环寿命长，自放电小。缺点：高温稳定性较差。

目前使用最为广泛的三元锂电池，也是国内装车量最大的一类电池，其内部结构如图 2-11 所示。

1）正极：主要为含锂的化合物，常见的正极材料为镍钴锰酸锂。

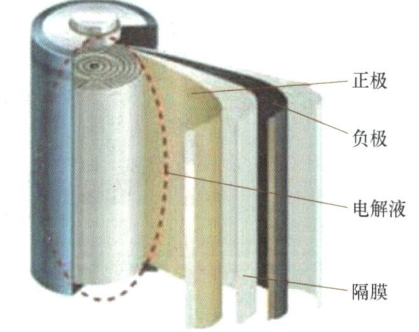

图 2-11　三元材料蓄电池内部结构

2）负极：大多采用石墨作为负极材料。

3）隔膜：具有电绝缘特性的隔膜可以分隔正负极，防止短路并能让锂离子通过，形成充放电回路。

4）电解液：常用碳酸乙烯酯、碳酸丙烯酯和碳酸二乙酯等有机物作为电解液。

5）外壳：常用钢壳、铝壳等。

放电时锂离子从负极中脱出，经电解液和隔膜后到达正极，同时负极释放电子，经外电路和负载到达正极，为用电设备提供电能。充电过程与此相反，充电时部分锂离子从正极脱出，经电解液传递到负极；同时从正极释放出电子，自外电路到达负极，最终嵌入由石墨构成的稳定的晶格中。容纳锂离子的晶格越多，可移动的锂离子就越多，蓄电池容量就越大，如图 2-12 所示。

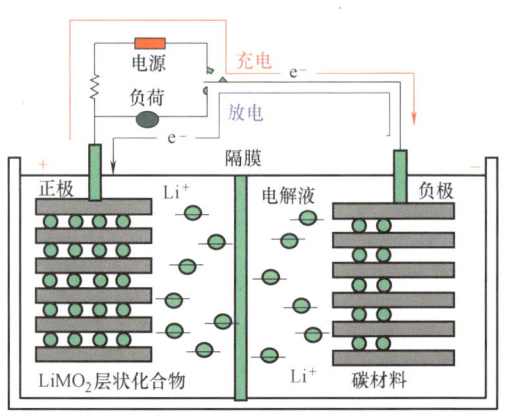

图 2-12　充放电原理

目前，锂电池广泛应用于新能源汽车的电能储存方案。钴酸锂电池结构稳定、能量密度比较高、性能突出等特点也应用在新能源汽车。但其安全性较差、成本高。

二、动力蓄电池参数解读

下面以国内一款动力蓄电池为例，介绍动力蓄电池的参数，见表2-4。

表2-4 动力蓄电池参数

名称	参数信息	名称	参数信息
电芯供应商	宁德时代 CATL	动力蓄电池标称电压	401.5V
电芯材料	镍钴锰酸锂 Li(NiCoMn)O_2 三元复合材料	动力蓄电池额定容量	150A·h
电芯标称电压	3.7V	动力蓄电池标称电量	60.2kW·h
电芯充电截止电压	4.2V	动力蓄电池能量密度	151W·h/kg
电芯放电截止电压	2.7V	动力蓄电池成组方式	1P110S
蓄电池系统供应商	普莱德（PPST）	动力蓄电池箱体防护等级	IP67
动力蓄电池箱体材质	铝型材	NEDC 工况	501km
动力蓄电池重量	≤425kg		

1. 电芯标称电压

蓄电池出厂时已设定好的正负极板之间的电动势差。蓄电池的实际电压根据蓄电池的实际容量变化而变化。例如：镍氢蓄电池的标称电压为1.2V；磷酸铁锂蓄电池的标称电压为3.2V；三元锂蓄电池的标称电压为3.7V。

2. 电芯充电截止电压

充电截止电压指充电期间按厂商规定，蓄电池达到完全充满电时的电压。达到充电截止电压后若仍继续为蓄电池充电，则有过充电风险，对蓄电池的性能和寿命有损害。例如：磷酸铁锂蓄电池的充电截止电压为3.7V；镍氢蓄电池的充电截止电压为1.4V；三元锂蓄电池的充电截止电压为4.2V。

3. 电芯放电截止电压

蓄电池放电根据蓄电池自身特性决定放电截止电压，达到厂商规定的最小截止电压时应截止放电。若继续放电，则对蓄电池性能和寿命有损害。例如：镍氢电池的放电截止电压为0.9V左右；充磷酸铁锂电池的放电截止电压为2.3V；三元锂电池的放电截止电压为2.7V。

4. 动力蓄电池标称电压

动力蓄电池标称电压为各个电芯并联/串联后的总电压，普莱德（PPST）动力蓄电池标称电压为401.5V。

5. 动力蓄电池额定容量

动力蓄电池额定容量是动力蓄电池性能的指标之一。在单位小时内，动力蓄电池以最大放电率放出自身所有电量的多少，即动力蓄电池的额定容量，动力蓄电池额定容量单位为安·时（A·h）。例如：普莱德（PPST）高性能三元锂蓄电池额定容量为150A·h。

6. 动力蓄电池标称电量

动力蓄电池标称电量是指额定蓄电池储存能量的多少，标称电量的单位是瓦·时（W·h）。

例如：普莱德（PPST）高性能三元锂蓄电池标称电量为 60.2kW·h。

7. 动力蓄电池能量密度

动力蓄电池能量密度是指单位体积或质量所拥有的蓄电池电量，能量密度单位是 W·h/L（瓦·时/升）或 W·h/kg（瓦时/千克）。例如：普莱德（PPST）三元锂蓄电池质量能量密度为 151W·h/kg。

8. 成组方式

若干电芯在动力蓄电池内部并联后形成电芯组，若干电芯组串联形成模块，若干模块串联后形成动力蓄电池总成。例如：3P6S（其中 P 含义是并联，S 含义是串联）即 3 电芯并联组成一个蓄电池模块，6 个蓄电池模块串联组成一个蓄电池模块。串联总电压等于各单体蓄电池电压之和，总容量为单体蓄电池容量；蓄电池并联总容量等于单体蓄电池容量之和，总电压等于单体蓄电池电压值。

普莱德（PPST）三元锂动力蓄电池 1P110S 即 1 并联 110 串联。其中 10 个 1P5S 蓄电池模块、10 个 1P6S（图 2-13）蓄电池模组串联并采用 CMT 激光焊接技术。

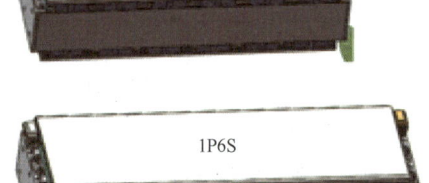

图 2-13　普莱德动力蓄电池成组单元

9. 动力蓄电池箱体防护等级

IP 外壳防护等级是外壳对液态和固态微粒的防护能力，IP 后面两个数字标识防护等级。第一位数字表明密封设备的抗固体颗粒进入能力，防止如灰尘等进入密封设备的程度（等级为 0～6），最高防护等级为 6；第二位数字表明密封设备防水进入的能力（等级为 0～8），最高防护等级为 8。普莱德（PPST）三元锂蓄电池 IP 防护等级为 IP67：固态防护等级为 6，即尘埃无法进入设备，如图 2-14a 所示；液态防护等级为 7，即常温常压下，当设备在深 1m 的水里浸泡 30min 以内，设备不会进水造成损害，如图 2-14b 所示。

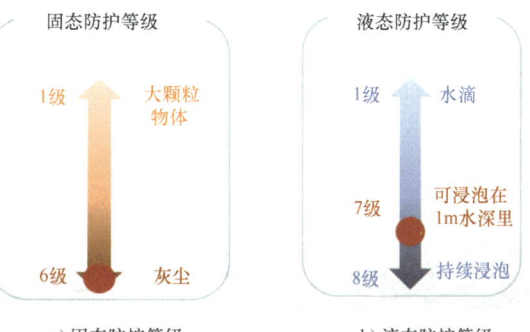

图 2-14　防护等级 IP67

10. NEDC 工况

NEDC 的全称为 New European Driving Cycle，中文意思为"新欧洲驾驶循环周期"，包含 4 个市区循环和 1 个市郊循环共 5 个工况，一个循环时间为 1180s。NEDC 工况曲线如图 2-15 所示。

11. 动力蓄电池充放电特性及循环寿命

动力蓄电池充放电形式包括恒定电流充电和恒定电压充电，充放电时以不同的倍率进行。蓄电池的充放电对于蓄电池有损耗，其损耗与充放电循环次数（又称充放电周期）成正比。

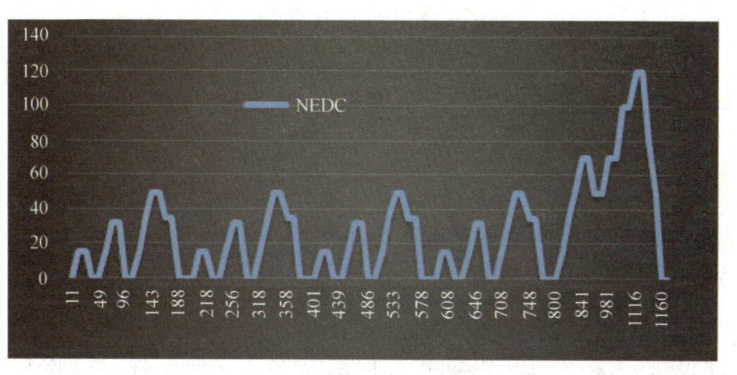

图 2-15 NEDC 工况曲线

12. 恒定电流充电

恒定电流（Constant Current，CC）充电先以恒定电流充电，这样会使蓄电池电压渐渐上升，直至电压到达一个特定数值。此特定数值的电压视蓄电池物料而定。

13. 恒定电压充电

恒定电压（Constant Voltage，CV）充电以固定电压向蓄电池充电，这样充电电流会渐渐减小，直到电流小于某一程度后充电过程即完成。

14. 充放电倍率

充放电倍率 C 是形容蓄电池充放电电流大小的专用符号。1C 放电就代表 1h 内把蓄电池从满电放到空的电流大小。1C 数值上等于蓄电池的额定容量。

15. 充放电循环次数

充放电循环次数为一次充放电周期，即蓄电池荷电状态（State-Of-Charge，SOC）为 0% 充到 100% 后，再从 100% 放电到 0%，为一次完全充放电。厂商规定充放电倍率在 1C 放电，0.3C 充电。

16. 充放电循环寿命

充放电循环寿命是指蓄电池的充放电循环次数。蓄电池满电、放电至没电，之后再充满为一次充放电循环，往复如此。目前三元锂蓄电池循环 1200 次以上，假如 3 天一次完全充放电，一年需要 120 次完全充放电，则可以使用 10 年。

三、动力蓄电池管理系统的功能

动力蓄电池管理系统是保护和管理动力蓄电池系统的核心部件，它不仅要保证动力蓄电池安全可靠的使用，而且要充分发挥动力蓄电池的性能和延长使用寿命，作为动力蓄电池和其他控制器以及驾驶人沟通的桥梁。

通过电压、电流及温度检测等功能实现对动力蓄电池系统的过压、欠压、过流、过高温和过低温保护，以及继电器控制、SOC 估算、充放电管理、均衡控制、故障报警及处理、与其他控制器通信等功能；此外，动力蓄电池管理系统还具有高压回路绝缘检测功能，以及为动力蓄电池系统加热功能。BMS 分集成式和分布式两种，分布式 BMS 又分为主板和从板两个部分。

1. 蓄电池本体状态监控

蓄电池本体状态监控是监控动力蓄电池状态并传输给整车控制单元（Vehicle Control

Unit，VCU），避免过压、过放、过流及升温过快等故障。

2. 充放电过程监控

充放电过程监控是在充放电过程中，出现如过压、过放、过流等异常时，及时发现故障并要求高压驱动集成单元（Power Electronics Unit，PEU）断开主回路接触器。

3. 电压均衡

电压均衡是使动力蓄电池的单体蓄电池电压保持一致性，始终处于最佳状态，避免压差过大对容量的影响。

4. 高压互锁监控

高压互锁监控是监测高压部件及插接件回路状态，判断连接是否正常并传输给VCU。当高压互锁回路不同时，车辆无法正常上电。

5. 绝缘状态监控

绝缘状态监控是监测动力蓄电池绝缘状态并传输给VCU，当绝缘检测不满足要求时，车辆无法上电。

6. 温度采集

将温度传感器安装在蓄电池模块不同采集点处，当蓄电池模块温度发生变化时，传感器感受到温度变化，其自身电阻值发生变化，且阻值随温度变化呈现唯一性，BMS控制器通过子板芯片采集到各温度点的传感器电阻值后，根据传感器规格书中提供的温度阻值对应矩阵表实现温度的查表计算。

7. 电压采集

电压值是反映电芯状态的重要指标，BMS通过蓄电池管理芯片采样蓄电池包中的单体蓄电池的电压值和模块电压值，然后通过总线传递给BMS控制主控芯片，BMS主控芯片根据控制需求处理单体蓄电池的电压值。

8. 电流采集

将霍尔式传感器安装在高压线路中，当有电流通过时，霍尔式传感器会通过自身的霍尔效应产生霍尔电压，此时BMS控制器利用主板芯片采集到传感器发出的霍尔电压，再根据规格书中提供的计算公式，在策略层实现电流计算。目前选用的大都是双通道霍尔式传感器，基本支持在不同量程范围内电流采集的精度误差控制在2%以内。

9. SOC 值估算

SOC 值表示蓄电池系统的剩余电量与完全满电电量的比值。SOC 值为100%时，表示蓄电池系统完全充满；SOC 值为0%时，表示蓄电池系统完全放空。该功能模块在实时评估蓄电池系统的荷电状态的同时，还提供可用容量的估算，用于车辆剩余续驶里程的评估。SOC 值估算功能在提供精确的 SOC 值及可用容量估算的同时，还会考虑 SOC 值显示对用户的感官体验，如 SOC 值不会波动、行车过程中 SOC 值不上涨。

四、动力蓄电池温度控制系统

通过对蓄电池组系统冷却或者加热的手段，调节锂离子蓄电池的工作温度，尽量使锂离子蓄电池工作在最适宜的温度范围内，以最大化发挥动力蓄电池的性能，延缓蓄电池老化。一般动力蓄电池温度控制系统分为液冷液热系统、自然冷却与加热片式加热系统两种。

1. 动力蓄电池温度控制系统结构

动力蓄电池温度控制系统结构包括膨胀冷却液壶、蓄电池冷却器（热交换器）、电子冷却液泵、冷却液加热器、蓄电池箱内部水路板及相关连接冷却液管等，如图2-16所示。

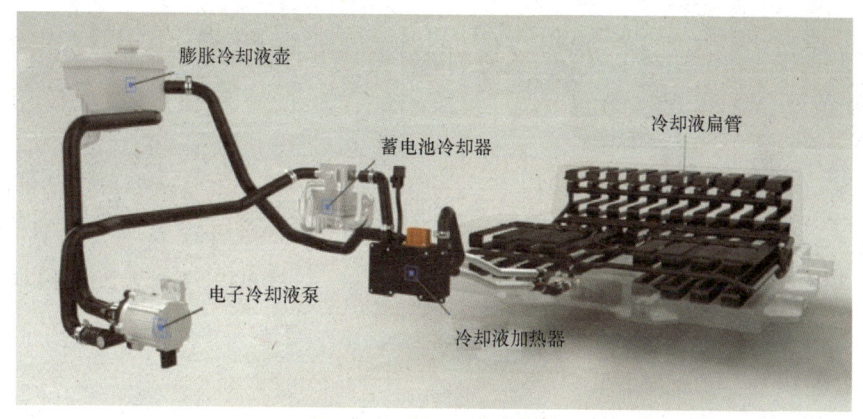

图2-16 动力蓄电池温度控制系统的结构

动力蓄电池内部冷却液板布置结构如图2-17所示，位于蓄电池模块下部。蓝色为冷却时，凉的冷却液进入给蓄电池模块降温；红色为降温后的热冷却液循环出来。蓄电池加热时，热的冷却液进入蓄电池，给蓄电池模块加热后循环出来。

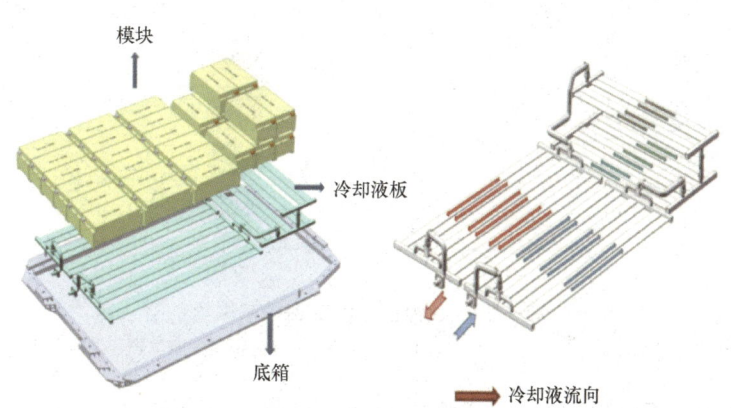

图2-17 动力蓄电池内部冷却液板布置结构

板式热交换器，即动力蓄电池冷却器如图2-18所示。其内有三个并联回路，蓝色为空调系统制冷剂回路；红色为暖风系统冷却液回路；绿色为动力蓄电池系统冷却液回路。

冷却液加热器如图2-19所示，既是动力蓄电池的热来源，也是车厢内暖风的热来源，是热源的主控部件。

2. 动力蓄电池温度控制系统工作原理

动力蓄电池温度控制系统工作分为冷却和加热，其原理如图2-20所示。

动力蓄电池系统有散热冷却需求时，需要结合空调系统进行。空调系统启动压缩机制冷，管路中制冷剂经电子膨胀阀1进入并联蒸发器1与热交换器1（蓄电池冷却器）处的动力蓄电池冷却液进行热量交换。同时，电子冷却液泵1运行，将动力蓄电池内热冷却液循环出来在热交换器1处冷却，之后进入蓄电池进行冷却，往复循环，直至达到冷却要求。此时，

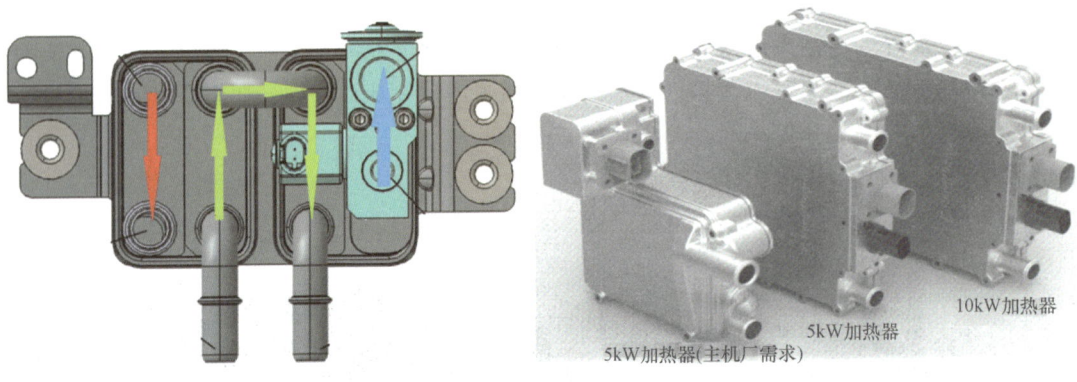

图 2-18 板式热交换器　　　　　图 2-19 冷却液加热器

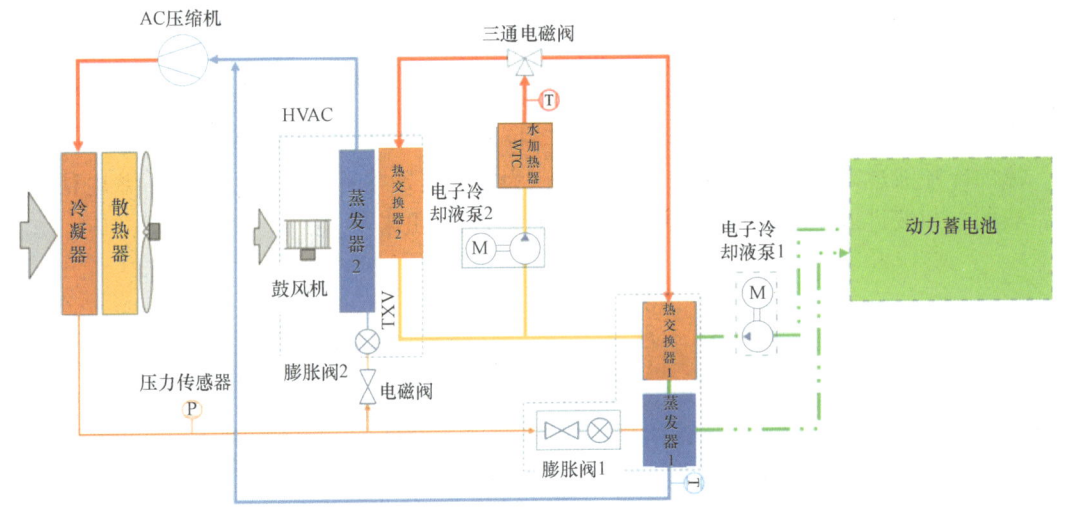

图 2-20 动力蓄电池温度控制原理

注：HVAC 是 Heating, Ventiation and Air Conditioning 的英文缩写，即供热、通风与空气调节。

动力蓄电池冷却器内两个并联回路进行热交换：空调系统制冷剂回路和动力蓄电池系统冷却液回路。

动力蓄电池系统有加热需求时，需要结合暖风系统进行。暖风系统启动冷却液加热器和电子冷却液泵 2，将管路中被加热的冷却液循环至并联热交换器 1（蓄电池冷却器）处与动力蓄电池冷却液进行热量交换。同时，电子冷却液泵 1 运行，将动力蓄电池内冷却液循环出来在热交换器 1 处加热，之后进入蓄电池进行加热升温，往复循环，直至达到加热要求时停止。此时，动力蓄电池冷却器内两个并联回路进行热交换：暖风系统冷却液回路和动力蓄电池系统冷却液回路。

动力蓄电池温度控制技术（图 2-21）能够全时监控并调校动力蓄电池、电芯和冷却液温度，高效控制动力蓄电池温度，确保其时刻在适宜环境下工作。

低温充电预热：低温充电时，先对动力蓄电池进行加热，能有效提升极寒天气的充电效率。慢充保温：当动力蓄电池温度较低时，连接充电装置状态下可对动力蓄电池进行保温。

3. 快换模式动力蓄电池的风冷、加热片式控制系统

快换模式动力蓄电池采用风冷，结构简单，维护成本低，通过改变调节动力蓄电池周围空气流动达到改善动力蓄电池温度一致性的目的。

加热片式加热控制系统包括6片加热片，分布在动力蓄电池模块下部，如图2-22所示，在行车加热需求和快充策略需求时启动，直至达到加热要求时停止。

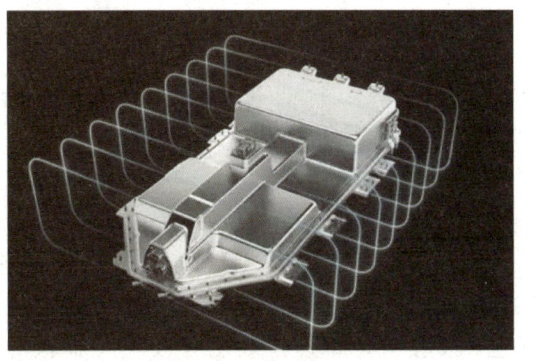

图 2-21　加热与保温

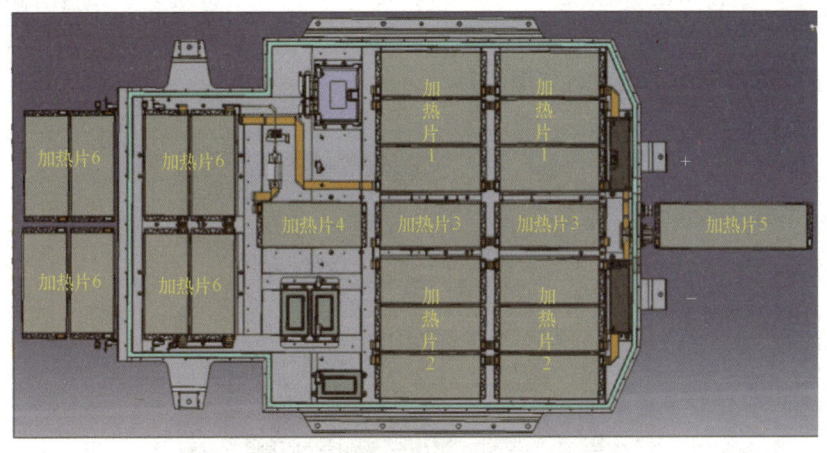

图 2-22　加热片式加热控制系统

小知识

快换动力蓄电池的纯电动汽车，在节约高效、快速换电方面具有很大优势，动力蓄电池剩余电量在接近20%时进行更换，有利于延长动力蓄电池寿命。同时，快速换电省去了充电所需的时间成本，解决了车主的行驶里程焦虑问题。

你知道吗？

动力蓄电池是电动汽车的核心技术之一，也是影响续驶里程和使用体验的主要因素。目前，我国单体蓄电池能量密度已经达到300W·h/kg，在国际上处于领先水平，力争经过15年持续努力，我国新能源汽车核心技术达到国际先进水平，在动力蓄电池的新体系、新材料、新工艺、新结构方面取得突破，进一步推动动力蓄电池向高能量密度、高安全的方向发展。动力蓄电池的选择要综合考虑电动汽车的动力性、经济性、环保性和安全性。

【实训任务三】 查找动力蓄电池铭牌与编号、识别动力蓄电池内部结构及含义

实训器材

工作台、安全帽、护目镜、防静电服、绝缘手套、绝缘地毯、防护鞋、防护工具、绝缘救援钩、已拆下的动力蓄电池包、工作灯、常用拆装工具、灭火器和自动体外除颤器（Automatic External Defibrillator，AED）。

扫一扫

动力蓄电池内部部件识别

作业准备

1）检查动力蓄电池工作台，如图2-23所示。

图2-23 工作台

2）防护准备，见表2-5。

表2-5 防护准备

实物图			
名称	防护头盔	护目镜	防静电服

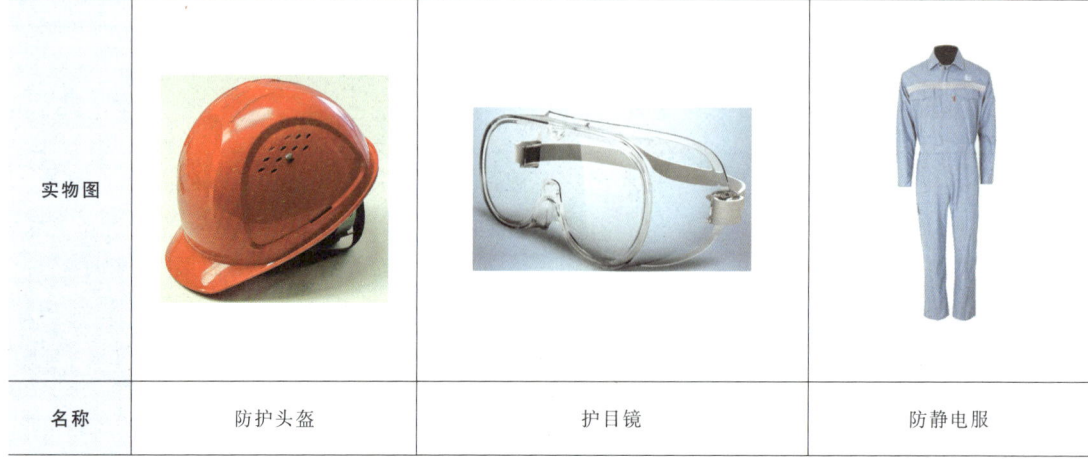

（续）

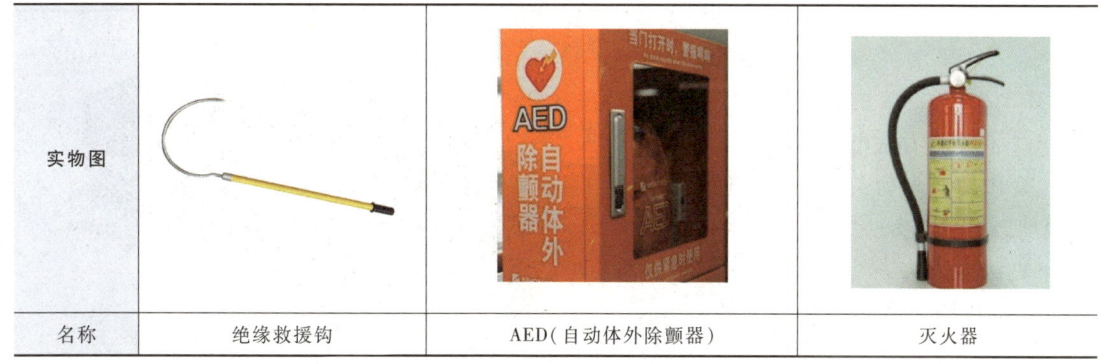

实物图			
名称	绝缘防护手套	设置隔离围栏	防护鞋

3）救援设备准备，包括绝缘救援钩、AED（自动体外除颤器）和灭火器等，见表2-6。

表2-6 救援设备准备

实物图			
名称	绝缘救援钩	AED（自动体外除颤器）	灭火器

操作步骤

1）检查动力蓄电池外观（有无破损，查找动力蓄电池铭牌、编号位置等），如图2-24所示。

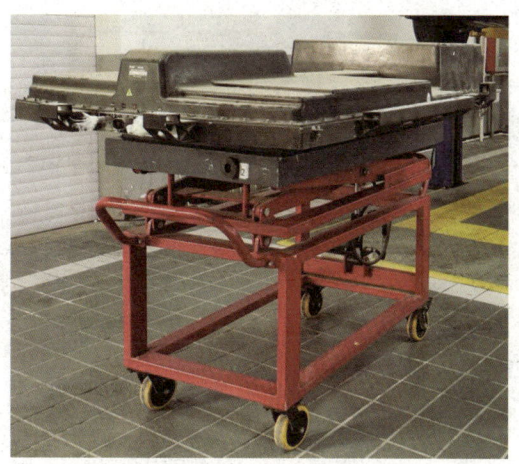

图2-24 动力蓄电池外观

2）蓄电池型号及编号见表2-7。

表 2-7 蓄电池型号及编号

名称	动力蓄电池铭牌	动力蓄电池编号
实物图		

① 了解动力蓄电池铭牌型号 PNCM-310-150-358 的含义。

② 了解动力蓄电池编号的含义。

③ 做好安全防护后，正确使用工具拆卸动力蓄电池外壳，如图 2-25 所示。

④ 认识动力蓄电池内部结构部件、相关线路布局、管路布局等，如图 2-26 所示。

图 2-25 拆卸动力蓄电池外壳

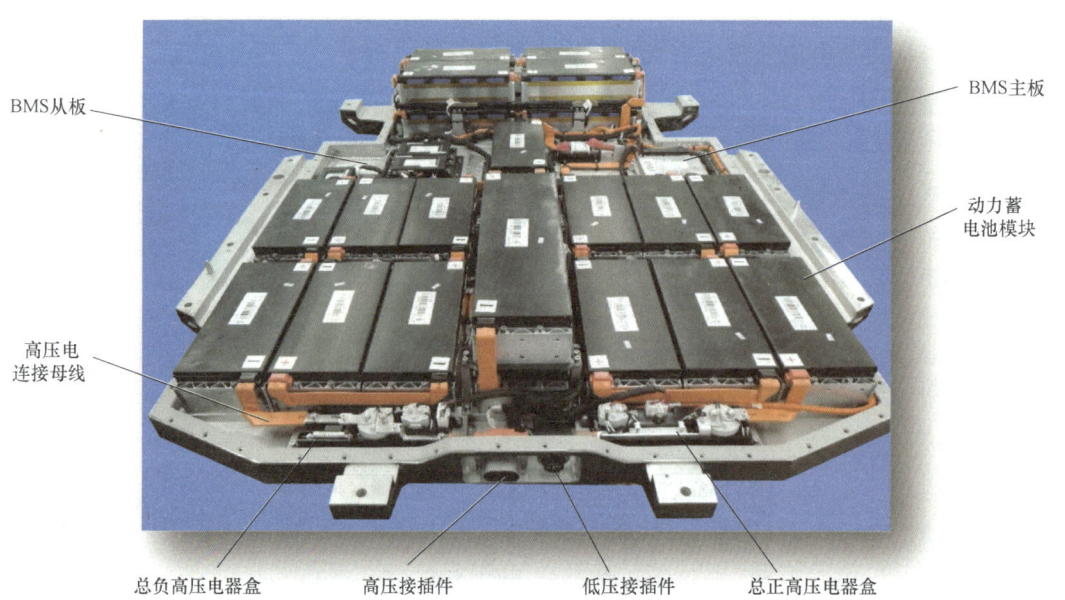

图 2-26 动力蓄电池内部实物

竣工检验

1）整理并恢复作业场地。
2）进行工位 5S 操作。
3）工具清点、清洁、校准和存放。

实训任务总结

扫一扫 实训任务三 习题

查找动力蓄电池铭牌与编号、识别动力蓄电池内部结构及含义	工 作 任 务 单	班级：
		姓名：

1. 动力蓄电池信息记录

动力蓄电池品牌		动力蓄电池材质		生产年月	
动力蓄电池电压		动力蓄电池电量		动力蓄电池重量	
动力蓄电池编号					

2. 作业场地准备

设置隔离栏	□是　□否
设置安全警示牌	□是　□否
设置绝缘垫	□是　□否
布置车外防护套件	□是　□否
布置车内防护套件	□是　□否

3. 实训任务记录

项目二　动力蓄电池系统结构、原理与检修

查找动力蓄电池铭牌与编号、识别动力蓄电池内部结构及含义		实习日期：	
姓名：	班级：	学号：	导师签名：
自评：□熟练□不熟练	互评：□熟练□不熟练	师评：□合格□不合格	
日期：	日期：	日期：	

查找动力蓄电池铭牌与编号、识别动力蓄电池内部结构及含义【评分细则】

序号	评分项	得分条件	分值	评分要求	自评	互评	师评
1	安全/5S/态度	□1. 能进行工位 5S 操作 □2. 能进行设备和工具安全检查 □3. 能进行车辆安全防护操作 □4. 能进行工具清洁、校准、存放操作 □5. 能进行"三不落地"①操作	15	未完成1项扣3分	□熟练 □不熟练	□熟练 □不熟练	□合格 □不合格
2	专业技能	□1. 能正确识别动力蓄电池型号及编号 □2. 能规范拆卸动力蓄电池外壳 □3. 能正确识别动力蓄电池内部件	45	未完成1项扣15分	□熟练 □不熟练	□熟练 □不熟练	□合格 □不合格
3	工具及设备的使用能力	□1. 能正确使用维修工作台 □2. 能正确使用拆装工具 □3. 能正确布置防护场地	10	未完成1项扣4分，扣分不得超过10分	□熟练 □不熟练	□熟练 □不熟练	□合格 □不合格
4	资料、信息查询能力	□1. 能正确查询动力蓄电池外壳螺钉力矩 □2. 能正确使用维修手册查询资料 □3. 能正确记录查询资料章节及页码 □4. 能正确记录所需维修信息	10	未完成1项扣3分，扣分不得超过10分	□熟练 □不熟练	□熟练 □不熟练	□合格 □不合格
5	数据分析能力	□1. 能正确分析动力蓄电池型号的含义 □2. 能正确分析蓄电池编码含义	15	未完成1项扣8分，扣分不得超过10分	□熟练 □不熟练	□熟练 □不熟练	□合格 □不合格
6	表单填写、报告的撰写能力	□1. 字迹清晰 □2. 语句通顺 □3. 无错别字 □4. 无涂改 □5. 无抄袭	5	未完成1项扣1分	□熟练 □不熟练	□熟练 □不熟练	□合格 □不合格

总分：

① "三不落地"指车辆维修时工器具与量具、零部件、油污不落地。

任务二　动力蓄电池检修

【学习目标】

知识目标：
1) 理解动力蓄电池密封性测试的作用。
2) 理解动力蓄电池均衡维护的作用。

技能目标：
1) 能够按照厂家标准流程掌握动力蓄电池就车拆装工作。
2) 能够对动力蓄电池进行密封性测试与均衡维护操作。

素质目标：
1) 操作过程中互相学习、团队合作，养成团队合作意识，锻炼沟通能力。
2) 熟悉规范作业流程，服从管理并严格执行，养成良好的工作习惯。

【任务描述】

小明不知道动力蓄电池拆装与密封性测试维护的意义与规范流程是什么，你可以指导他操作吗？

【相关知识】

一、动力蓄电池的密封性检测

动力蓄电池包的密封性直接影响到蓄电池系统的工作安全及使用安全。为了提高动力蓄电池包的密封防水性能，需要对蓄电池箱体的密封性进行测试。对动力蓄电池包进行拆解、故障排查或更换维修部件后，需要进行密封性测试，以满足密封标准。

便携式气密性检漏测试仪是针对新能源汽车领域开发的用于密封性测试的专业设备，适用于动力蓄电池包等部件的密封性检测。

二、动力蓄电池的均衡维护

动力蓄电池的不一致性通常是指一组蓄电池内蓄电池的剩余容量差异过大、电压差异过大，引起动力蓄电池续驶能力变差。引起蓄电池间一致性变差的原因是多方面的，包括蓄电池的生产制造工艺、蓄电池的存放时间长短、蓄电池组充放电期间的温度差异、充放电电流大小等。

目前的解决方法主要是提高蓄电池的生产制造工艺控制水平，从生产关尽可能保证蓄电池的一致性，使用同一批次蓄电池进行配组。受当前技术所限，单体蓄电池存在差异，这种方法有一定效果，但无法根治。蓄电池组使用一段时间后一致性差的问题还会出现，蓄电池组发生不一致性问题后，如果不能及时处理，问题会愈加严重，大大缩短了动力蓄电池的使用寿命和电动汽车单次充电行驶距离，甚至会发生危险。

故采用均衡维护的方法，对每个单体蓄电池电压进行实时检测和监控、充电或放电维护电芯稳定性，提高动力蓄电池寿命和安全性。

三、动力蓄电池故障案例解析

1. 车辆基本信息
北汽新能源 EX360 自动档旗舰版车型，行驶里程 70000km。

2. 客户报修
用户来电反馈车辆无法行驶。

3. 确认故障
拖车到店后，经检查发现车辆无法上高压电、Ready 指示灯不亮，整车故障系统指示灯和 12V 蓄电池故障指示灯点亮，如图 2-27 所示。

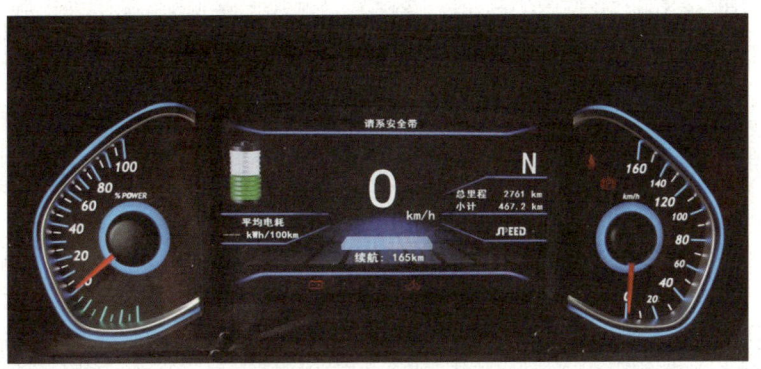

图 2-27　仪表故障提示

4. 故障分析
根据上述异常现象进行分析，很有可能是由于以下几种原因造成的：
1）DC/DC 变换器故障。
2）高低压电熔丝熔断故障。
3）高压驱动集成单元（PEU）或低压电线路故障。
4）高压电线束或动力蓄电池内部故障。

5. 故障诊断
1）连接专用诊断仪，读取故障码（图 2-28）。驱动电机系统报诊断故障码（Diagnostic Trouble Code，DTC）：P114016，为电机控制器（MCU）直流母线欠压故障；暖风加热系统报 DTC：P164716，为 PTC⊖ 暖风加热系统高压欠压故障；DC/DC 变换器系统报 DTC：P17D216，为 DC/DC 变换器输入欠压故障。

2）读取 BMS 数据流并分析，如图 2-29 所示。动力蓄电池内部总电压为 352.14V，动力蓄电池外部总电压为 352.26V，且动力蓄电池负端继电器当前状态、动力蓄电池正端继电器当前状态均为连接。通过上述数据初步判断，动力蓄电池内部无异常，主正及主负继电器均能正常闭合，动力蓄电池电压正常。

3）读取驱动电机系统的数据流，如图 2-30 所示。发现直流母线电压数值显示为 13V，存在异常。排查中检查 PEU 的低压插接器、高压线束各插接器未见异常；替换 PEU 测试

⊖　PTC 是 Positive Temperature Coefficient 的缩写，即正的温度系数，泛指正温度系数很大的半导体材料或元器件。

北汽新能源>>EX系列 >> EX360 >> 系统选择 >> 驱动电机系统(MCU) >> 故障码 >> 读取故障码

故障码	描述	状态
P114016	MCU直流母线欠压故障	当前的 & 历史的

北汽新能源>>EX系列 >> EX360 >> 系统选择 >> 暖风加热系统(PTC) >> 故障码 >> 读取故障码

故障码	描述	状态
P164716	PTC高压欠压故障	当前的 & 历史的

北汽新能源>>EX系列 >> EX360 >> 系统选择 >> 直流转换控制器(DC/DC) >> 故障码 >> 读取故障码

故障码	描述	状态
P17D216	输入欠压故障	当前的 & 历史的

图 2-28　故障码

北汽新能源>>EX系列 >> EX360 >> 系统选择 >> 动力电池系统(BMS) >> 数据流

名称	当前值	单位
动力电池内部总电压	352.14	V
动力电池充放电电流	-0.08	A
动力电池外部总电压	352.26	V
动力电池负载端总电压	352.38	V
整车STATE状态	30	
直流母线电压	13.00	V
KL15	11	V
KL30	12	V
BCU自检计数器	3	
动力电池负端继电器当前状态	连接	
动力电池正端继电器当前状态	连接	
动力电池预充继电器当前状态	断开	
动力电池充电请求	初始值	
正极对地绝缘电阻	4000	KΩ
负极对地绝缘电阻	4000	KΩ
动力电池允许最大充电电流(慢充)	0.00	A

提示

图 2-29　动力蓄电池系统数据流

后，故障无改善。排除 PEU 内部高压电熔丝及内部故障。

分析上述三个系统同时报出高压电欠压故障，读取 BMS 数据流显示主正继电器和主负继

项目二 动力蓄电池系统结构、原理与检修

名称	当前值	单位
直流母线电压	13.00	V
直流母线电流	0.00	A
驱动电机目标转矩命令	0.00	Nm
驱动电机目标转速命令	0.2	rpm
驱动电机当前转矩	0.00	Nm
驱动电机当前转速	0.2	rpm
A相IGBT模块当前内部温度	21	deg C
B相IGBT模块当前内部温度	21	deg C
C相IGBT模块当前内部温度	21	deg C
MCU当前散热底板温度	207	deg C
驱动电机当前温度	25	deg C
D轴电流给定值	0.00	A
D轴电流反馈值	0.08	A
Q轴电流给定值	0.00	A
Q轴电流反馈值	0.00	A
D轴电压	0.00	V

图 2-30 驱动电机系统数据流

电器已经闭合，内部总电压和外部总电压显示正常。在检查动力蓄电池的高压电线束时发现动力蓄电池端的高压电线束插接器有破损情况（图 2-31），在对动力蓄电池高压电线束插接器处理后再次试车，能够上高压电，但动力蓄电池端的高压电线束插接器存在接触不良情况。

图 2-31 破损插件

6. 故障排除

更换动力蓄电池的高压电插接器插座和动力蓄电池到 PEU 之间的高压电线束后车辆故障排除。

7. 维修总结

1）故障诊断时需要认真梳理高压上电（Ready）的关系（控制逻辑），只有这样才能做出有效判断，确定故障诊断范围。

2）读取数据流是对系统部分信号进行故障分析的有效手段，故障码也能更聚焦于故障点，在维修未遇到过的故障时应考虑优先采用。

3）诊断任何故障，都应本着由简到繁的原则，如果怀疑某个系统工作不正常，熔丝、电源与搭铁等线路问题应优先检查。

【实训任务四】 动力蓄电池拆装与密封性测试

实训场地和器材

新能源汽车作业工位及工作台、高压电防护用具、新能源汽车整车、万用表、车内外防护套件、常用拆装工具套件、高压电拆装工具套件、动力蓄电池托架、带有刻度的冷却液收集器、便携式气密性检漏测试仪及相关配件包和救援设备等。

作业准备

1）车辆在工位停放周正，检查举升机和工作台，见表 2-8。

表 2-8 停放车辆、检查举升机和工作台

名称	停放车辆	检查举升机和工作台
实物图		

2）工位布置，如图 2-32 所示。

图 2-32 工位布置

3）车内外防护套布置，见表2-9。

表2-9 车内外防护套布置

实物图		
名称	车内防护套件	车外防护套件

操作步骤

注意：动力蓄电池拆装需要严格按照规范流程进行，操作严谨到位，安全意识时刻谨记！

1）动力蓄电池的拆装。

① 断开低压蓄电池负极电缆，如图2-33所示，等待约5~10min。

② 举升车辆，如图2-34所示。

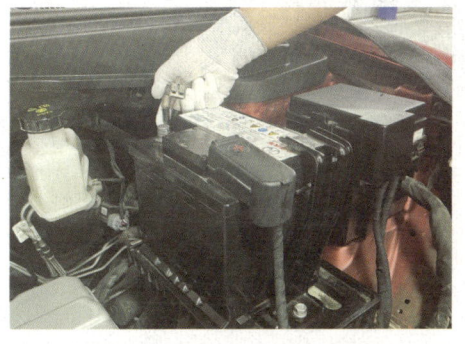

图2-33 断开低压蓄电池负极

图2-34 举升车辆

③ 拆卸车底部护板总成，如图2-35所示。

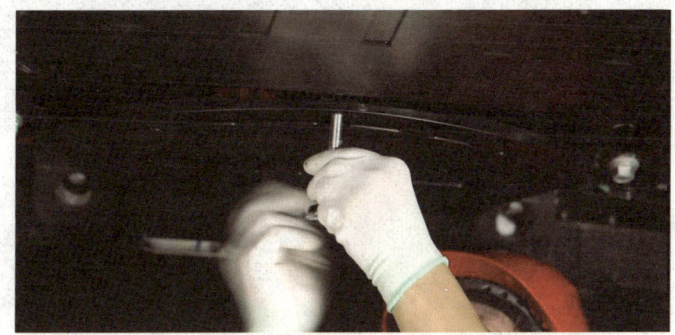

图2-35 车底部护板总成

④ 排放动力蓄电池内冷却液，如图 2-36 所示。

图 2-36 排放动力蓄电池内冷却液

小知识

冷却液主要成分为乙二醇水溶液，有毒，会污染环境。所以冷却液不能随意排掉，要收集起来统一处理。保护环境人人有责，保护他人也是保护我们自己。

⑤ 戴防护绝缘手套，断开高压和低压电线束连接插头，如图 2-37 所示。

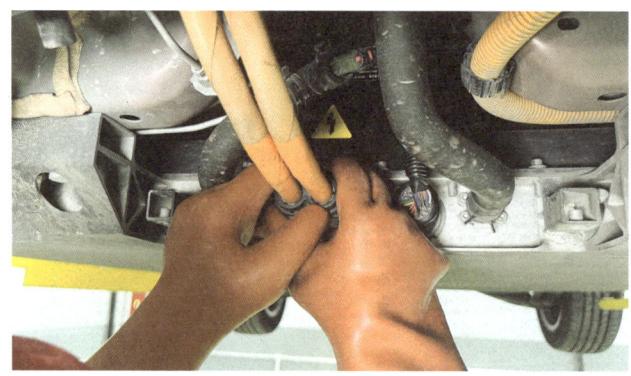

图 2-37 高压和低压电线束连接插头

⑥ 将动力蓄电池拆下，如图 2-38 所示。

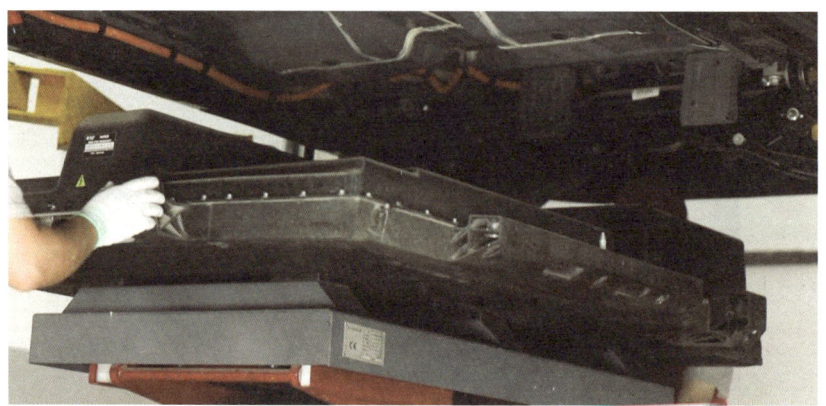

图 2-38 拆下动力蓄电池

2）动力蓄电池密封性测试。

① 按照用户手册连接设备与动力蓄电池包相关附件之后给设备通电开机，检查设备工作状态进入主界面，如图 2-39 所示。

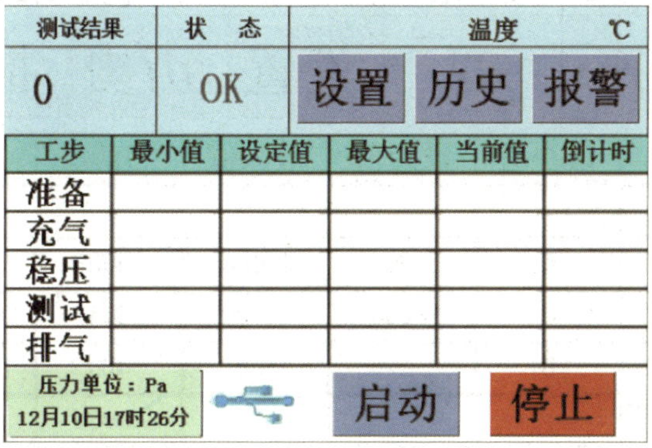

图 2-39　主界面

② 设备自检完成后，进行参数设置，如图 2-40 所示。需要设置的参数有充气时间、充气压力最大值和最小值、稳压时间、稳压压力最大值和最小值、测试时间、泄漏压力最大值和最小值等，根据实际测试的容器，设置合适的参数。

注意：参数设置有相对应的范围，超出范围输入无效。

a）设备参数：用于设置设备内部参数需输入密码进入，用户不允许修改。

b）参数设置：如需修改对应参数，则点击对应参数后的方框跳出键盘即可设置参数。

c）充气压力值为目标值，其应小于充气压力最大值 200Pa 以上。

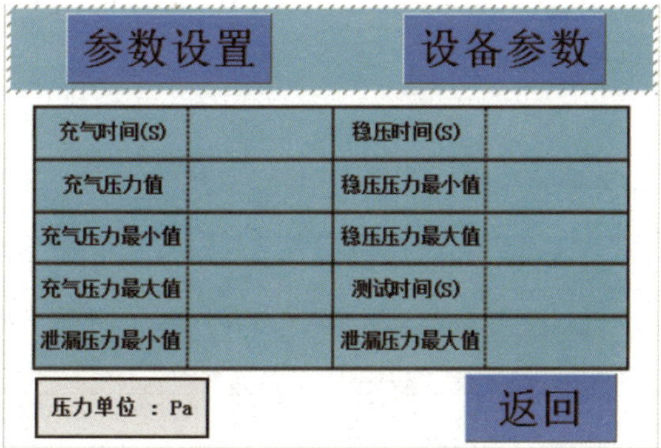

图 2-40　参数设置界面

③ 若设备连接正常、自检正常，则参数设置完成后返回主界面启动测试。测试分为五个阶段：准备、充气、稳压、测试、排气。设备状态分为准备、测试中、请排气、OK、NG、报警。测试结束后，将当前测试数据与厂家数据做比较，若符合要求，则表示动力蓄电池包不泄漏；若不符合要求，则说明动力蓄电池包有泄漏，应拆检确认泄漏点并修复，之后再次做密封性测试，确认数据应符合要求。

注意：不同品牌动力蓄电池密封性测试标准可能不同，以厂家标准为准。

④ 测试完成后会显示测试结果（图 2-41），按停止键后会提示"请排气"，此时往外拉

手拉阀排气，气体压力小于500Pa时排气完成。多次测试可读取历史记录，有泄漏可读取报警记录。

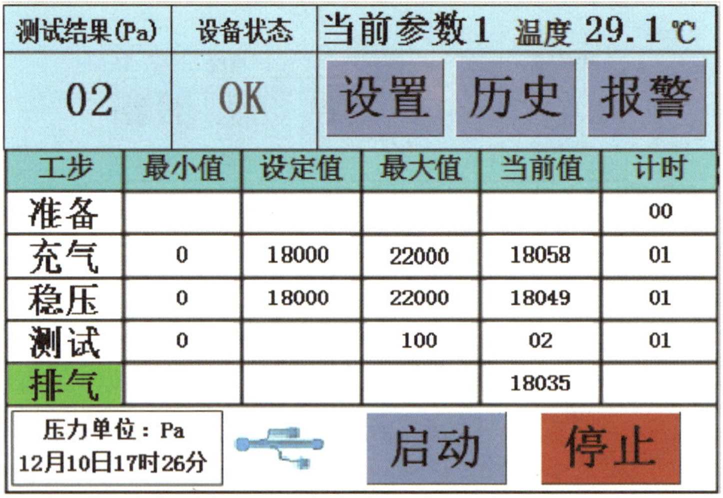

图 2-41 测试完成界面

⑤ 测试完成时数据以文本的形式存储到闪存中。但闪存数据存储需要一定的时间，应在测试完成5s之后再拔出闪存，否则可能导致闪存损坏。

竣工检验

1）整理并恢复作业场地。
2）进行工位5S管理。
3）工具清点、清洁、校准和存放。

实训任务总结

项目二　动力蓄电池系统结构、原理与检修

动力蓄电池拆装与密封性测试	工 作 任 务 单	班级：
		姓名：

1. 车辆信息记录

品牌		整车型号		生产年月	
动力蓄电池电压		动力蓄电池电量		行驶里程	
动力蓄电池型号					

2. 作业场地准备

检查设置隔离栏	□是　□否
检查设置安全警示牌	□是　□否
布置车外防护套件	□是　□否
布置车内防护套件	□是　□否

3. 实训任务记录

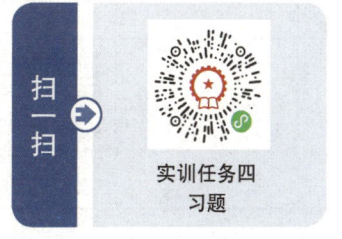

扫一扫

实训任务四
习题

051

动力蓄电池拆装与密封性测试		实习日期：	
姓名：	班级：	学号：	导师签名：
自评：□熟练□不熟练	互评：□熟练□不熟练	师评：□合格□不合格	
日期：	日期：	日期：	

动力蓄电池拆装与密封性测试【评分细则】

序号	评分项	得分条件	分值	评分要求	自评	互评	师评
1	安全/5S/态度	□1. 能进行工位 5S 操作 □2. 能进行设备和工具安全检查 □3. 能进行车辆安全防护操作 □4. 能进行工具清洁、校准、存放操作 □5. 能进行"三不落地"操作	15	未完成1项扣3分	□熟练 □不熟练	□熟练 □不熟练	□合格 □不合格
2	专业技能	□1. 能正确断开低压蓄电池负极 □2. 能正确断开高压维修开关 □3. 能正确拆装车底护板 □4. 能正确排放动力蓄电池冷却液 □5. 能正确断开动力蓄电池高低压电连接插头	50	未完成1项扣10分	□熟练 □不熟练	□熟练 □不熟练	□合格 □不合格
3	工具及设备的使用能力	□1. 能正确操作便携式气密性检漏测试仪 □2. 能正确拆下工具	10	未完成1项扣5分	□熟练 □不熟练	□熟练 □不熟练	□合格 □不合格
4	资料、信息查询能力	□1. 能正确查询线束插接器端子含义 □2. 能正确使用维修手册查询资料 □3. 能正确记录查询资料章节及页码 □4. 能正确记录所需维修信息	10	未完成1项扣3分，扣分不得超过10分	□熟练 □不熟练	□熟练 □不熟练	□合格 □不合格
5	分析能力	□1. 能判断气密性检漏测试仪测试数据 □2. 能判断气密性检漏测试仪参数	10	未完成1项扣5分	□熟练 □不熟练	□熟练 □不熟练	□合格 □不合格
6	表单填写、报告的撰写能力	□1. 字迹清晰 □2. 语句通顺 □3. 无错别字 □4. 无涂改 □5. 无抄袭	5	未完成1项扣1分	□熟练 □不熟练	□熟练 □不熟练	□合格 □不合格

总分：

项目三
驱动电机系统结构、原理与检修

任务一　驱动电机系统认知

【学习目标】

知识目标：
1）理解驱动电机系统功能与分类。
2）理解驱动电机常规参数含义。
3）理解驱动电机系统各工况控制的原理。
4）理解 P 位控制器功能与原理。

技能目标：
1）具备识别不同类型驱动电机的能力。
2）具备识别驱动电机铭牌位置及其上技术参数的能力。

素质目标：
1）在学习中获取知识能力、理解能力和沟通能力。
2）在操作中熟悉流程的标准性，提高团队合作能力。

【任务描述】

张鹏刚刚来到修理厂实习，一位新能源汽车车主询问他此车驱动电机铭牌位置在哪里？但他不知道如何回答，你能告诉他吗？

【相关知识】

一、驱动电机系统的功能

驱动电机系统主要由驱动电机与电机控制器构成，是车辆行驶的主要执行机构，直接影响车辆动力性、经济性和舒适性。驱动电机的主要功能是实现电能与机械能的转化，一般有两种工作模式，如图 3-1 所示。

1. 驱动
驱动电机以电动机模式运行时，系统输入电功率，输出转矩和转速。

2. 能量回收
驱动电机以发电机模式运行时，系统将机械能转化为电能，产生电压和电流。

图 3-1 驱动电机系统工作模式示意图

驾驶车辆时，根据驾驶人意愿，整车控制器（有些车型不单独设立该模块，而是与电机控制器等集成设计）判断驾驶人意图并发出控制指令给驱动电机系统为车辆提供驱动转矩，以实现对整车的怠速、前行、倒车、停车和能量回收，以及驻坡等功能，有些版本的驱动电机系统具备 P 位驻车功能，功能框架简图如图 3-2 所示。

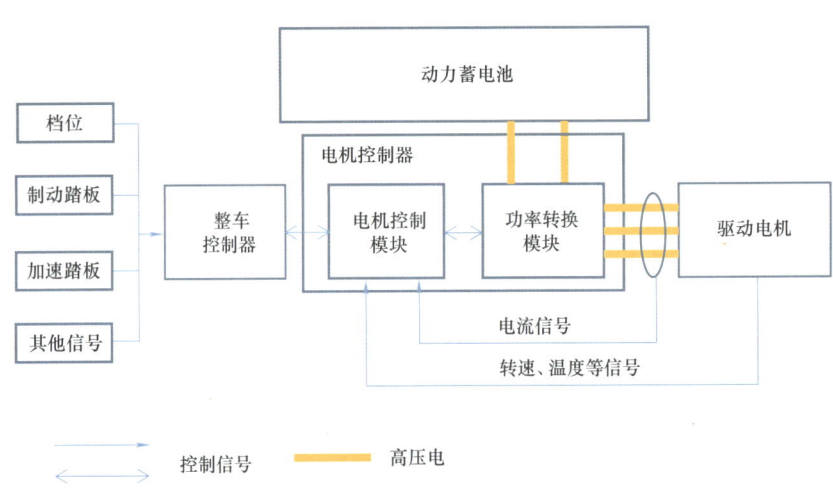

图 3-2 驱动电机系统功能框架简图

二、驱动电机系统的结构、分类与原理

1. 驱动电机系统的基本结构
驱动电机系统主要由驱动电机和电机控制器组成。

（1）驱动电机

常见的电机主要由静止的定子、运动的转子等部件构成，定子绕组通电后产生磁场，在驱动模式时，生成电磁转矩驱动转子运转，通过传动机构驱动车辆运动。图 3-3 所示是带变速器的驱动电机。

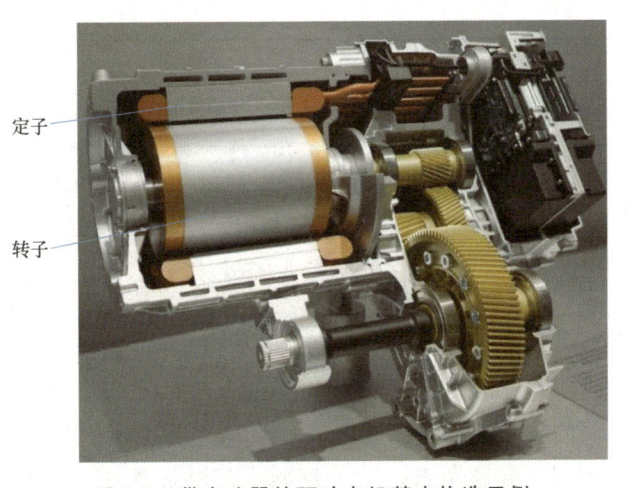

图 3-3 带变速器的驱动电机基本构造示例

注：上述仅指常见电机基本构造，不包括控制、冷却系统和不同品牌电机的特殊结构。

（2）电机控制器

电机控制器的功能等同于燃油汽车的节气门调节机构，都是根据加速踏板的位置来进行动力输出调节，但电机控制器结构与功能更复杂。电机控制器不仅接受加速踏板信号，还接受制动踏板、电机转速、车速、电机电压、电流等信号，对这些信号分析后对电机进行控制；控制器还会与其他相关模块通信，在仪表上显示驱动电机系统信息，控制器在驱动电机发生过电流、过电压、过热时，自动切断主电路以保护汽车以及乘员安全。电机控制器基本构成如图 3-4 所示，各部件功能见表 3-1。

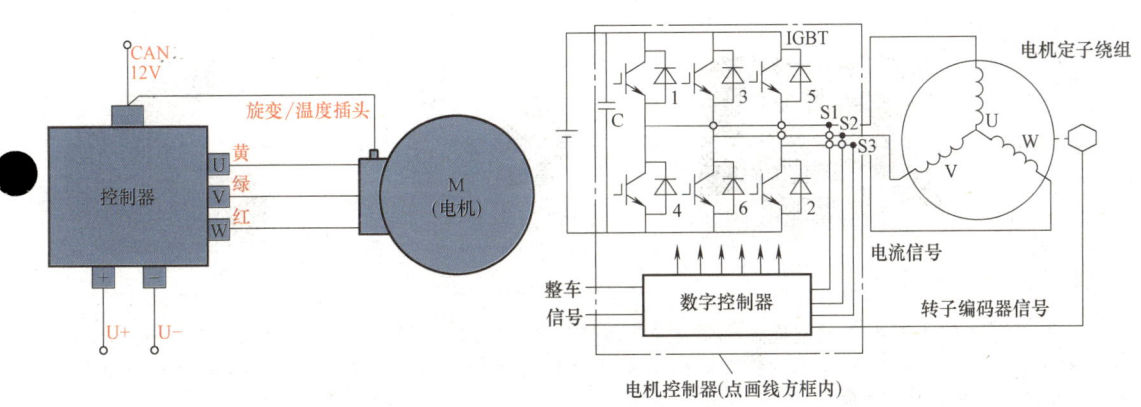

图 3-4 电机控制器基本构成简图

C—超级电容　S1、S2、S3—电流传感器

表 3-1 电机控制器各部件功能

部件名称	功能
IGBT 模块	由 6 个 IGBT 组成的功率模块根据 PEU 的指令控制功率模块将高电压的直流电转换成 3 相交流电（电动）或将 3 相交流电流转换成直流电（充电）

（续）

部件名称	功能
超级电容	主要作用是保持直流母线电压的稳定，为系统提供瞬时的大电流
控制主板（图中为数字控制器）	为逆变器与整车控制器（VCU）和负载的通信接口，控制软件可实现一定的保护功能，如短路保护、过电流保护、过欠压保护、IGBT与电机的过热保护等
电流传感器	将逆变器输出电流转化为与其呈线性关系的电压信号，实现电流的闭环控制

注：本表仅指常见电机控制器基本功能，不包括不同品牌的特殊结构。

动力蓄电池组和驱动电机正负极分别与IGBT（Insulated Gate Bipolar Transistor，即绝缘栅双极型晶体管）模块的输入端和输出端连接，IGBT输出电压由主控制器向其输入的PWM（Pulse Width Modulation，即脉宽调制）信号控制。在控制器运行过程中，主控制器通过分析加速踏板、制动踏板、车速、电机转速等传感器信号进行电机电压的控制，输出方式是将PWM信号传递到IGBT模块，通过采集电压、电流、温度等信号进行系统的过电压、过电流、过热保护。

2. 驱动电机的分类

目前新能源汽车驱动电机常采用异步电机、永磁同步电机和开关磁阻电机等，其中开关磁阻电机在乘用车市场并未得到大面积应用，而永磁同步电机是各新能源汽车品牌应用最多的类型，其分类见表3-2。

表3-2 驱动电机分类

类型	异步电机	永磁同步电机	开关磁阻电机
实物示例图			
优点	本体结构简单,造价低,可高速运行,调速范围大,转动惯性小,维护简单,技术成熟	体积小,重量轻,功率输出密度大,低速输出转矩大,效率高,维护简单	结构简单,机身更坚固,效率高,起动转矩大,价格低且免维护
缺点	高速运转时发热严重,故冷却系统复杂;控制系统复杂,成本高,效率和功率密度偏低	高速运行控制复杂,需要检测转子位置;部件较多,故造价高	目前技术仍有瓶颈（如噪声、振动较大,无法达到乘用车使用标准等），导致不能大面积普及

电机控制器（MCU）有分体式和集成式两种（本书仅按是否作为单独部件分类），分体式如图3-5所示，集成式如图3-6所示。

项目三 驱动电机系统结构、原理与检修

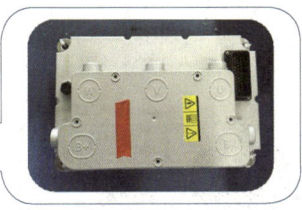

MCU　高压控制盒　OBC和DC/DC

图 3-5　分体式电机控制器

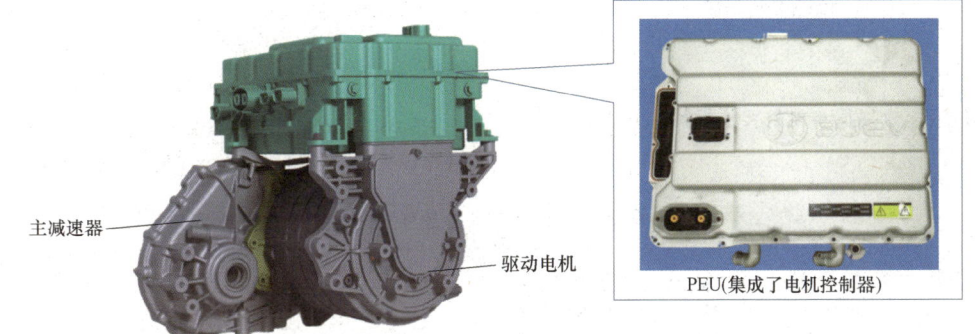

主减速器　　驱动电机　　PEU(集成了电机控制器)

图 3-6　集成式电机控制器

你知道吗？

北京-EU5 集成式驱动电机系统是我国自主研发的产物！该系统采用了一体化动力总成，由北京新能源汽车公司自主开发设计，电机峰值功率/转矩可达 160kW/300N·m，PEU2.0 集成度高、体积小、重量轻，这是我国在新能源汽车设计、制造中已经走在世界前列的标志之一。

课堂讨论

同学们，对于一个国家来说，先进的自主研发能力是国家强大的象征之一，我们应该为之自豪，同时也应该为我们能继续走在行业前列而努力学习。你们还知道哪些在汽车设计制造领域先进的自主研发案例呢？接下来就让我们一起分享一下吧！

3. 驱动电机工作原理

（1）永磁同步电机

永磁同步电机是目前新能源汽车应用最广泛的电机类型，实物拆解如图 3-7 所示。

1）工作原理：永磁同步电机一般由图 3-8 所示部件构成（其中温度传感器图中未画出），各部件功能见表 3-3。

扫一扫　驱动电机控制原理

057

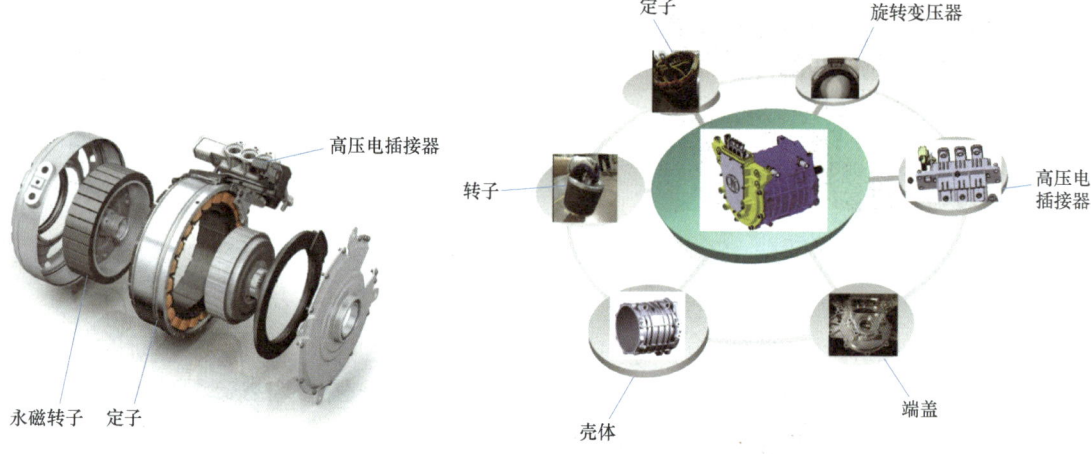

图 3-7 永磁同步电机实物拆解

图 3-8 永磁同步电机基本构造

注：本图仅为说明该电机基本结构，不包括不同品牌电机的特殊结构。

表 3-3 驱动电机各部件功能

部件名称	功能
定子	定子铁心中绕制有三相对称绕组，当绕组中接入三相对称电流时，产生旋转磁场
转子	采用永久磁铁制成，工作中与定子产生的旋转磁场相互作用，产生电磁转矩
旋转变压器	简称旋变，一般安装在电机后端盖中，用以检测电机转子转速、初始位置、转角等信号，反馈给电机控制器，从而控制电机转速、转向
温度传感器	一般安装在定子绕组的表面，用以检测定子绕组的工作温度
高压电插接器	将定子三相绕组与电机控制器的高压线路连接
壳体、端盖	为电机部件提供安装位置

驱动电机在驱动工况时，控制器根据车辆工况，将输入的直流电逆变成电压、频率可调的三相交流电输入定子绕组，定子绕组产生的旋转磁场与永磁体转子相互作用，产生与定子旋转磁场转向相同的电磁转矩输出。当输出的转矩 T 超过转子的摩擦转矩以及永磁体的阻尼转矩时，电机便开始向外做功，并不断地加速直至同步；改变电源频率可控制电机转速，改变定子绕组相序可以改变电机转向。其工作过程如图 3-9、表 3-4 所示。

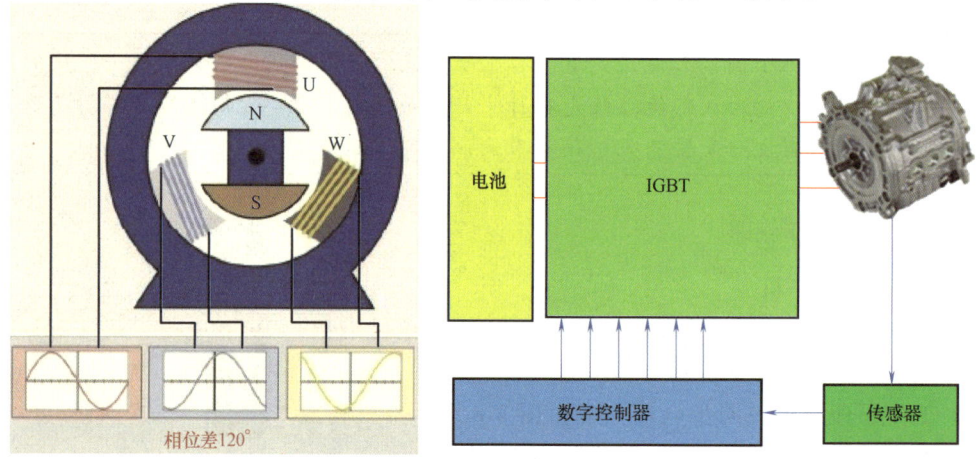

图 3-9 永磁同步电机工作原理

表3-4 永磁同步电机三相绕组控制（部分）

序号	示意图	说明
1	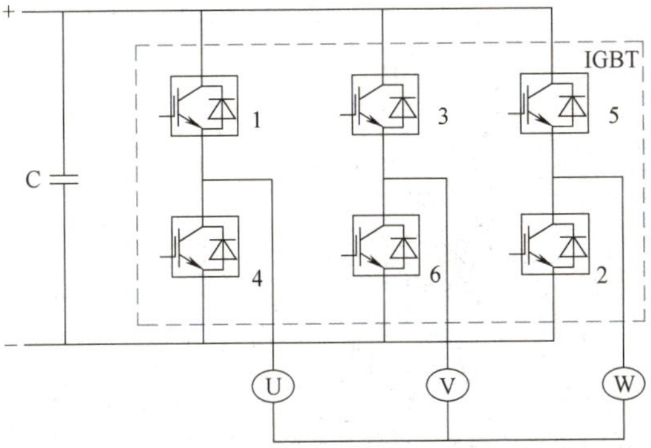	永磁同步电机三相绕组控制原理简图 C 是超级电容，1、2、3、4、5、6 是 IGBT
2	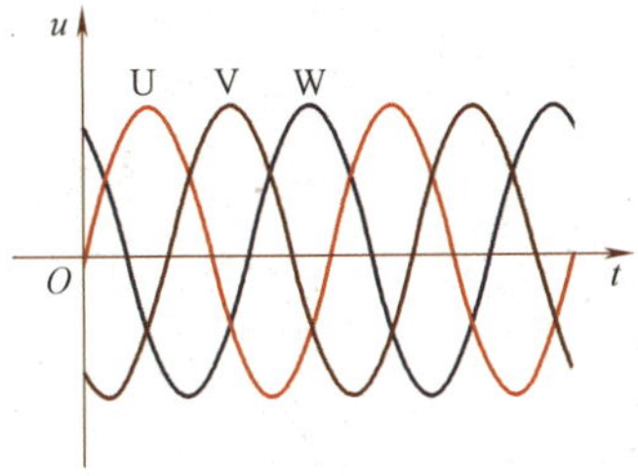	三相交流电波形简图
3	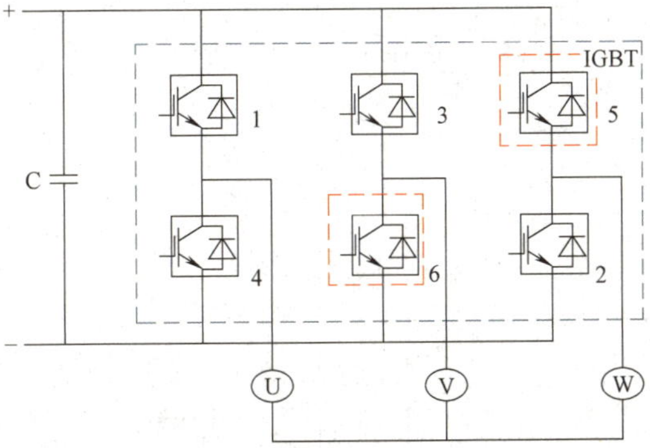 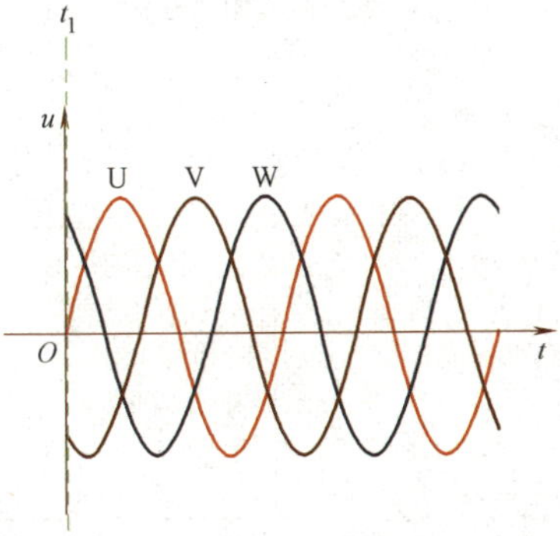	在时间 t_1，控制主板根据当前三相交流电波形（见波形图中绿色竖虚线标记点）控制 IGBT5、6 导通，绕组 W、V 相通电

（续）

序号	示意图	说明
4	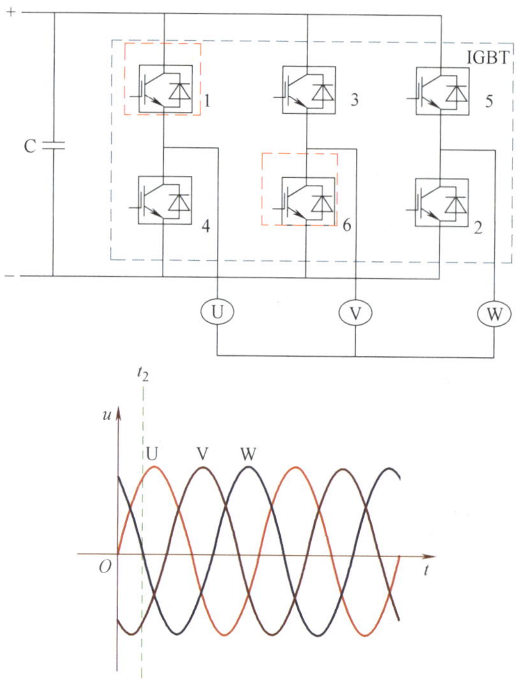	在时间 t_2，控制主板根据当前三相交流电波形控制 IGBT1、6 导通，绕组 U、V 相通电
5	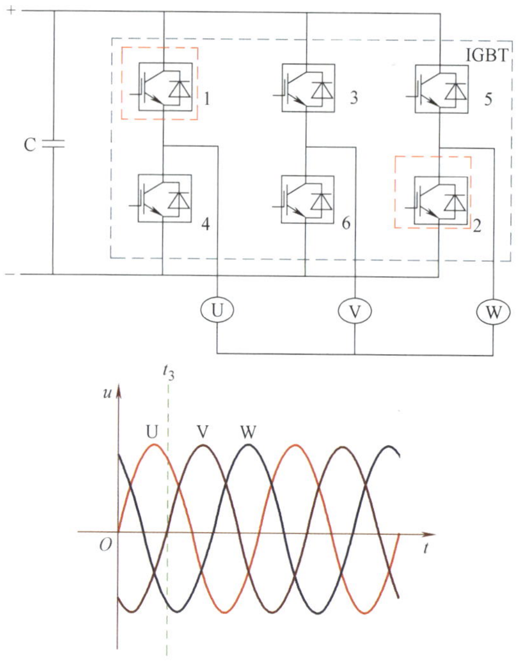	在时间 t_3，控制主板根据当前三相交流电波形控制 IGBT1、2 导通，绕组 U、W 相通电
6	控制主板根据三相交流电波形的电位，依次控制相应 IGBT 切换导通与截止，控制三相绕组根据设定的相序依次通电。本表格仅给出部分通电情况	

小知识：定子绕组相序

定子绕组相序，即三相绕组依次通电的顺序，如 U—W—V；U—V—W 即为相反相序，驱动电机在这两种相序下将会实现正、反转工作。

2）旋转变压器：旋转变压器（简称旋变）一般安装在电机尾端盖中（实物图如图 3-10 所示），其基本结构为变压器，用来检测转子的位置、转速、转向。

目前永磁同步电机多采用磁阻式旋转变压器，有 3 个绕组（构造原理简图如图 3-11 所示，电路图如图 3-12 所示）放在同一套定子槽内，包括一个励磁绕组 R、两个输出绕组 S，随电机转子运转的旋变转子磁极形状做特殊设计，使得气隙磁场近似于正弦形。转子形状的设计也必须满足所要求的极数。转子的形状决定了极对数和气隙磁场形状。输出绕组输出信号随转子转角做正弦变化，为彼此相差 90°的电信号。

图 3-10 旋转变压器实物

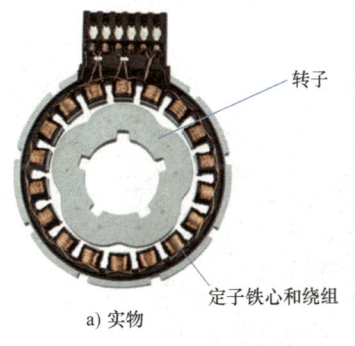
a) 实物

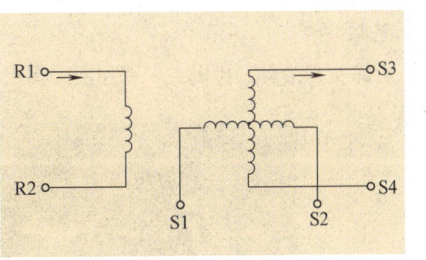
b) 原理

图 3-11 旋变构造原理简图

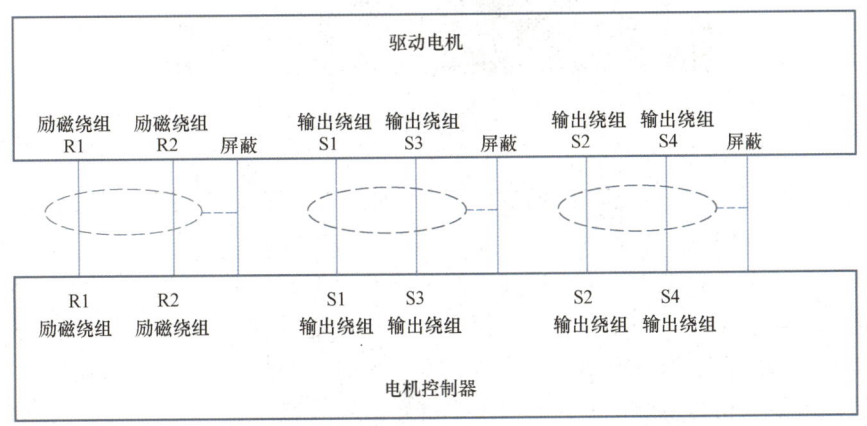

图 3-12 旋变电路（北汽新能源 EC3）

3）电机温度传感器：一般采用 PTC 测量电机定子绕组的温度，很多车型固定在绕组表面，无法单独更换（图3-13）。当绕组温度超过温度阈值限制时，控制器通过减小功率，保护电机避免过热，并提供散热风扇起动信号之一。如北汽新能源 EV 系列，散热风扇起动温度值：45℃≤温度<50℃时，冷却风扇低速起动；温度≥50℃时，冷却风扇高速起动；温度降至 40℃ 及以下时，冷却风扇停止工作。

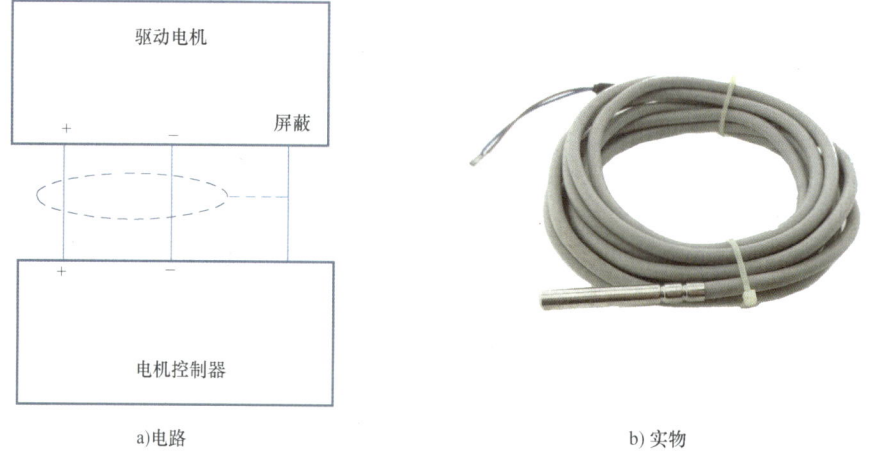

a) 电路　　　　　　　　　　　　　b) 实物

图 3-13　电机温度传感器

（2）异步电机

异步电机又称交流感应电机，一般指三相异步交流电机，其剖开图示例如图 3-14 所示。

图 3-14　异步电机剖开图示例

1）工作原理：三相异步交流电机的基本结构如图 3-15 所示，主要由定子、转子、传感器部分、相应的轴和轴承、机壳等组成。定子和转子均包括铁心和绕组，转子常采用空心式结构，适用于高转速，当三相异步电机接入三相交流电时，三相定子绕组会产生旋转磁场。该旋转磁场切割转子绕组，从而在转子绕组中产生感应电流（转子绕组为闭合通路）。载流的转子导体在定子旋转磁场的作用下产生电磁力，从而在电机转轴上形成电磁转矩，驱动电机转子旋转。由于三相异步电机的转子与定子旋转磁场以相同的方向、不同的转速旋转，存在转速差，因此叫作异步电机。

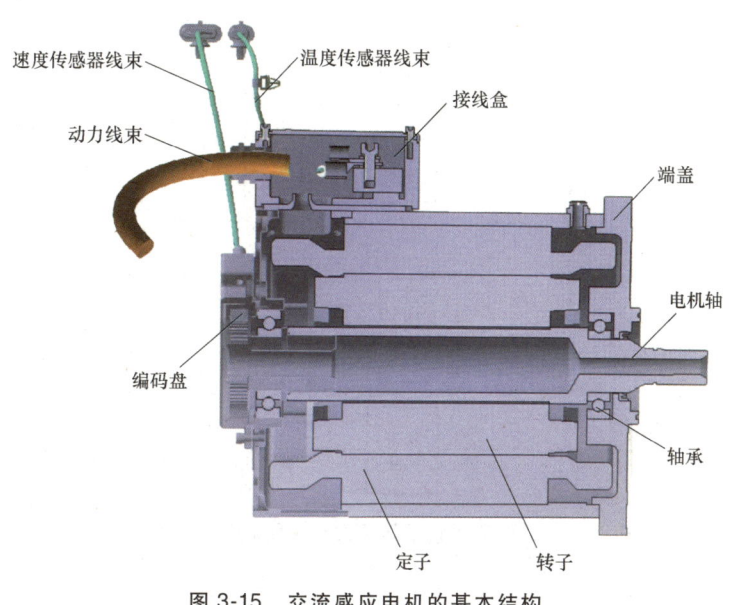

图 3-15　交流感应电机的基本结构

🔶 小知识：异步的概念

异步电机的转子转速一旦与定子旋转磁场转速相同，转子和定子旋转磁场也就不再有相对运动，转子导体不切割磁通，不产生感应电动势和感应电流，也就没有电磁转矩了，转子将不会继续旋转，转速随即下降，转速差一旦产生，电磁转矩又会出现。因此，转子和旋转磁场之间的转速差是保证转子旋转的主要因素，这也就是所谓的"异步"概念。电机工作中转子转速总是低于定子旋转磁场转速。

异步电机比较常见的控制方法是采用直接转矩控制，也就是将电机输出转矩作为直接控制对象，通过控制定子磁场向量控制电机转速。它不需要复杂的坐标变换，也不需要依赖转子数学模型，只是通过控制 PWM 型逆变器的导通和切换方式、控制电机的瞬时输入电压、改变磁链的旋转速度来控制瞬时转矩，使系统性能对转子参数呈现鲁棒性。这种方法被推广到弱磁调速范围。逆变器的 PWM 采用电压空间向量控制方式，性能优越。但同时不可避免地产生转矩脉动、调速性能降低等问题。该方法对逆变器开关频率提高的限制较大，定子绕组电阻对电机低速性能也有较大影响，如在低速区，定子绕组电阻变化引起定子电流和磁链畸变，以及转矩脉动、死区效应和开关频率等问题。

🔶 小知识：鲁棒性

鲁棒是 Robust 的音译，简单地理解小知识"异步的概念"中的鲁棒性，即电机控制系统在某些参数波动情况下，维持电机稳定运转的特性。

异步电机直接转矩控制系统的结构与原理简图如图 3-16 所示，它主要包括磁链调节器、转矩调节器、磁链和转矩观测器、转速调节器等。其中磁链观测器对磁链的观测是否准确对整个控制系统的稳定性有着举足轻重的作用，而开关策略和磁链、转矩调节是先进控制算法

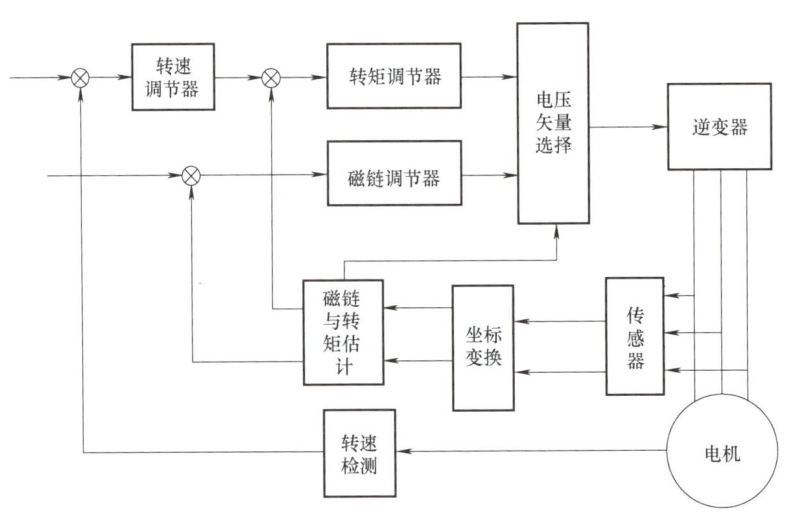

图 3-16 异步电机直接转矩控制系统结构与原理简图

的核心部分。

2) 转速传感器：交流异步电机一般装备转速传感器（图 3-17），因为控制系统只需监

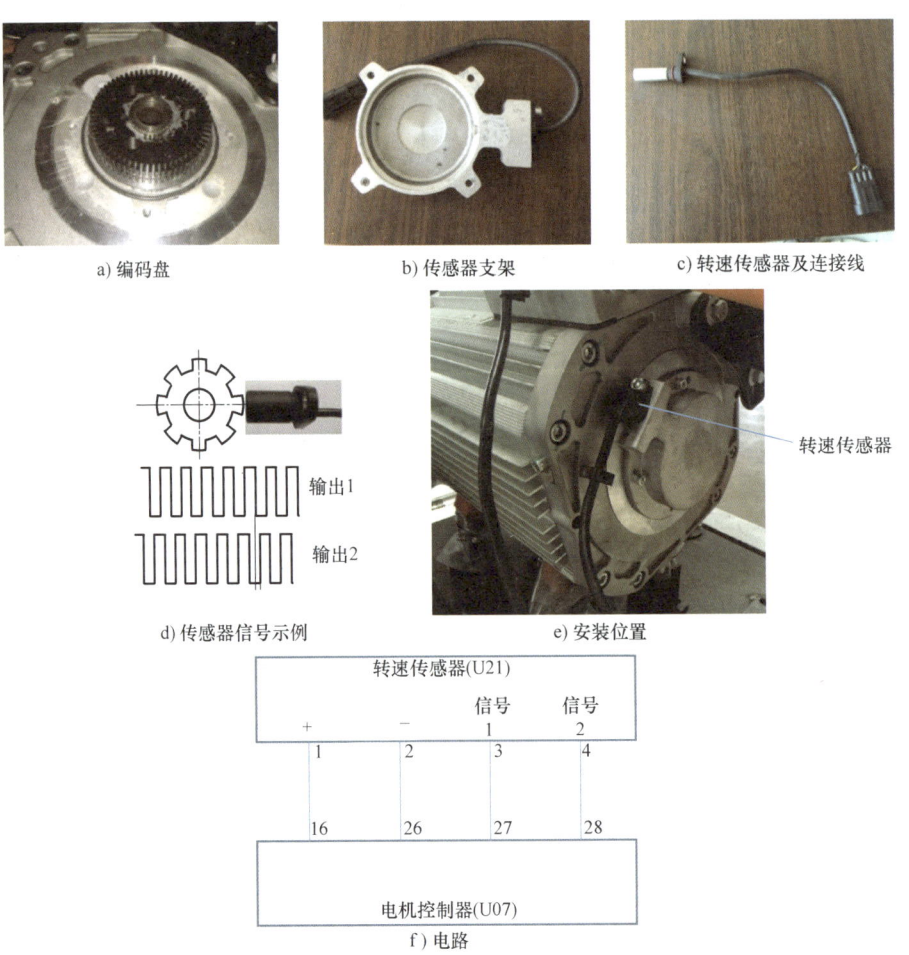

图 3-17 北汽新能源 EC180 异步电机转速传感器（霍尔式）

测电机的转速即可,无须检测电机初始位置、转角等信号。

 小知识

如何区分永磁同步电机和交流异步电机呢?如图3-18所示。

转速传感器安装在交流异步电机的壳体上

旋变装在永磁同步电机的电机壳体内部,拆开才能看到

图3-18 交流异步电机与永磁同步电机的外观识别

注:此处只展示一种识别方式,不同品牌电机可能有所不同,维修中以实物为准。

(3) 开关磁阻电机

开关磁阻电机(实物如图3-19所示)一般为凸极铁心结构,其定子、转子均由普通硅钢片叠压而成;转子上既无绕组,也无永磁体,一般装有位置检测器;定子上绕有集中绕组,径向相对的两个绕组串联构成一相绕组(基本结构如图3-20所示)。根据相数和定子、转子极数的配比,开关磁阻电机可以设计成不同的结构。

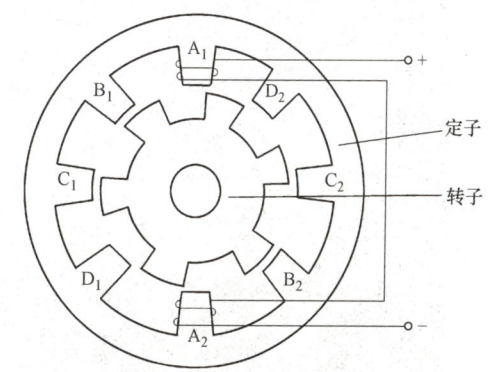

图3-19 开关磁阻电机实物示例   图3-20 开关磁阻电机基本结构(一相绕组)

开关磁阻电机与磁阻式步进电机一样,基于磁通总是沿磁导最大的路径闭合的原理。当定子、转子齿中心线不重合,磁导不为最大时,就会形成磁阻转矩,使转子转到磁导最大的位置。当向定子各相绕组中依次通入电流时,电机转子将一步一步地沿着通电相序相反的方向转动。如果改变定子各相的通电次序,电机将改变转向,但相电流通方向的改变是不会影响转子的转向的。四相开关磁阻电机驱动电路简图如图3-21所示。

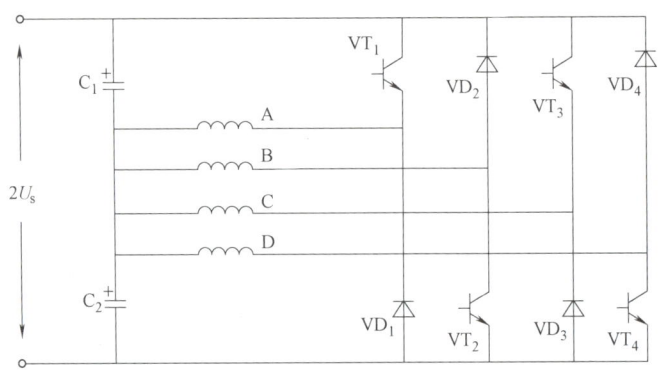

图 3-21　四相开关磁阻电机驱动电路简图

A、B、C、D—定子绕组　　VT_1、VT_2、VT_3、VT_4—IGBT

VD_1、VD_2、VD_3、VD_4—整流二极管

三、驱动电机钢印号、铭牌位置及技术参数

1. 驱动电机钢印号与铭牌位置

驱动电机钢印号包含驱动电机零件号等相关信息，铭牌一般包含驱动电机常规技术参数等相关信息。北京-EU5 电机铭牌与钢印号位置如图 3-22 所示。

图 3-22　北京-EU5 电机铭牌与钢印号位置

2. 驱动电机技术参数

北京-EU5 驱动电机技术参数见表 3-5，北京-EU7 驱动电机技术参数见表 3-6。

表 3-5　北京-EU5 驱动电机技术参数

名称	参数	名称	参数
类型	永磁同步电机	标称电压	410V
型号	TZ220XS560	最高效率	96.7%
额定转矩/峰值转矩	150N·m/300N·m	整机重量	45kg
额定功率/峰值功率	80kW/160kW	冷却方式	液冷
峰值转速	11000r/min		

表 3-6　北京-EU7 驱动电机技术参数

名称	参数	名称	参数
类型	永磁同步电机	型号	TZ220XS560
额定功率	80kW	峰值功率	160kW@ DC410V
额定转矩	150N·m	峰值转矩	300N·m
基速	5100r/min	最高转速	11000r/min
整机重量	50kg	最高效率	96.7%

小知识：电机是怎样冷却的？

目前新能源汽车驱动电机系统有风冷和液冷两种，此处仅介绍液冷系统。电机冷却系统由电动冷却液泵提供动力，低温冷却液通过冷却管路由散热器流向待散热元件（电机控制器、DC/DC 变换器、电机），冷却液在待散热元件处吸收热量后，再通过冷却管路流经散热器进行散热，然后准备进行下一个循环。其基本原理如图 3-23 所示。

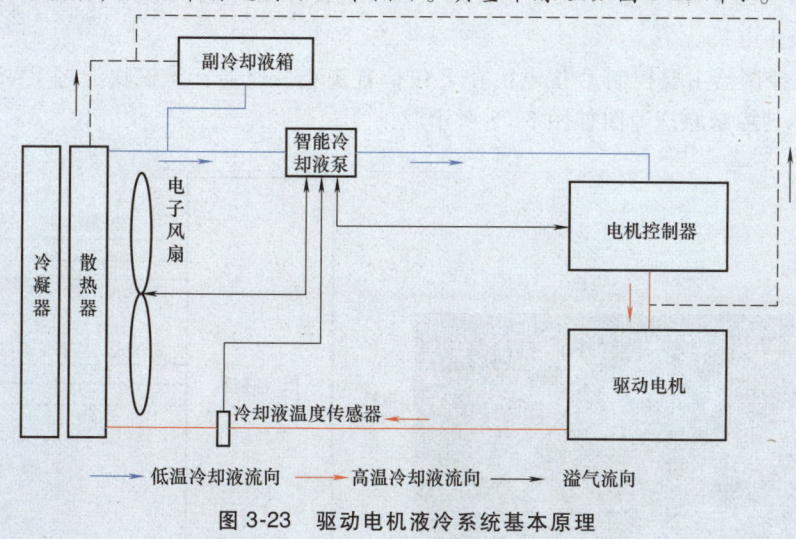

图 3-23　驱动电机液冷系统基本原理

电机控制器温度控制策略（表 3-7）如下：
1) 当控制器监测到散热基板温度≥45℃时，冷却风扇起动。
2) 当控制器监测到 78℃≤散热基板温度≤90℃时，降功率运行。

3）当温度≥90℃时，超温保护，即停机。

表 3-7 驱动电机系统温度控制策略

电机温度	控制策略
<130℃	正常行驶
>130℃	开始显示线性降低电机转速
130~140℃	100%~30%输出功率
140~155℃	维持最高车速 30km/h
>145℃	电机系统警告灯闪烁
>155℃	电机进入零转矩控制模式
<126℃	恢复正常行驶

注：本表只给出一种车型，不同车型策略可能不同，维修时以实车为准。

四、P 位电机控制器原理

P 位电机控制系统接收驱动电机控制器的锁止与解锁信号，对电机执行相应的操作保证车辆停车与起步。该装置通过控制电机的伸出与缩进来实现变速器的锁止与解锁，主要包括控制器、电机（图 3-24）、霍尔式位置传感器，位置传感器与电机是集成式的。该车采用了开关磁阻式锁止电机。

P 位电机控制器主要控制 P 位电机在 P 位位置锁止变速器，该模块通过 PWM 对 P 位电机进行控制，其控制原理简图如图 3-25 所示。

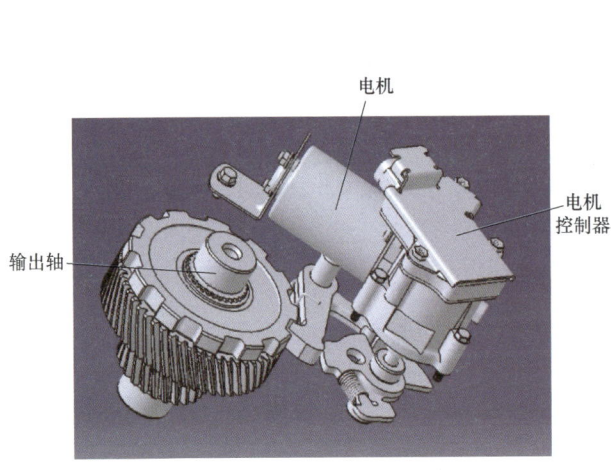

图 3-24 P 位电机控制系统

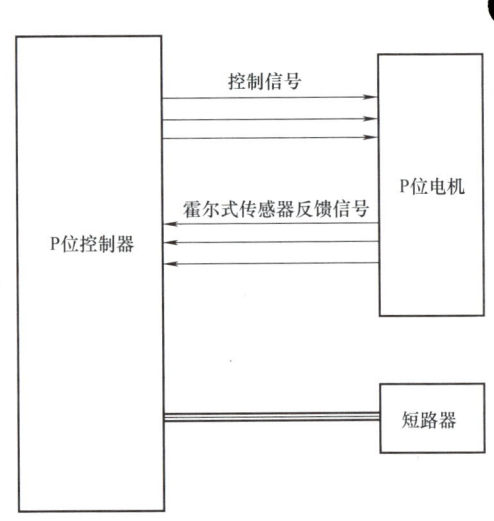

图 3-25 P 位电机控制器控制原理简图

【实训任务五】 查找驱动电机铭牌与钢印号位置并解读电机铭牌技术参数

实训场地和器材

新能源汽车作业工位和举升机、新能源汽车整车、工作灯。

作业准备

1) 检查举升机,如图 3-26 所示。

图 3-26 举升机实物

注:举升机检查注意事项在《新能源汽车维护》中有详细讲解,此处不再赘述。

2) 新能源汽车整车和防护三件套等 5S 操作。

操作步骤

1) 停车入位,整车举升到位,如图 3-27 所示。

图 3-27 整车举升实物

2) 拆卸下护板,确认驱动电机位置,如图 3-28 所示。
3) 查找并确认驱动电机铭牌与钢印号位置,并将上述位置用方框框出来。
4) 解读电机铭牌上的各项参数。

图 3-28 驱动电机位置

竣工检验

整理、恢复作业场地。

实训任务总结

查找驱动电机铭牌与钢印号位置并解读电机铭牌技术参数	工 作 任 务 单	班级：
		姓名：

1. 车辆信息记录

品牌		整车型号		生产年月	
驱动电机型号		动力蓄电池电量		行驶里程	
车辆识别码					

2. 作业场地准备

检查设置隔离栏	□是　□否
检查设置安全警示牌	□是　□否
检查灭火器压力及有效期	□是　□否
安装车辆挡块	□是　□否

3. 记录查找过程及电机铭牌上的各项技术参数

扫一扫　实训任务五 习题

查找驱动电机铭牌与钢印号位置 并解读电机铭牌技术参数		实习日期：	
姓名：	班级：	学号：	导师签名：
自评：□熟练 □不熟练	互评：□熟练 □不熟练	师评：□合格 □不合格	
日期：	日期：	日期：	

查找驱动电机铭牌与钢印号位置
并解读电机铭牌技术参数【评分细则】

序号	评分项	得分条件	分值	评分要求	自评	互评	师评
1	安全/5S/态度	□1. 能进行工位5S操作 □2. 能进行设备和工具安全检查 □3. 能进行车辆安全防护操作 □4. 能进行工具清洁、校准、存放操作 □5. 能进行"三不落地"操作	25	未完成1项扣5分	□熟练 □不熟练	□熟练 □不熟练	□合格 □不合格
2	专业技能	□1. 能正确查找驱动电机铭牌 □2. 能正确查找驱动电机钢印号 □3. 能正确解读驱动电机铭牌上的各项技术参数	60	未完成1项扣20分	□熟练 □不熟练	□熟练 □不熟练	□合格 □不合格
3	工具及设备的使用能力	□1. 能正确停车到工位 □2. 能正确举升车辆 □3. 能正确使用工作灯	15	未完成1项扣5分	□熟练 □不熟练	□熟练 □不熟练	□合格 □不合格

总分：

任务二　驱动电机检修

【学习目标】

知识目标：
1) 掌握驱动电机常规检测项目的目的。
2) 掌握驱动电机常规检测项目基本方法。

技能目标：
1) 能够完成驱动电机系统就车拆装。
2) 能够完成驱动电机总成解体与组装。
3) 能够完成驱动电机部件的常规检测。

素质目标：
1) 在学习中培养分享能力和沟通能力。
2) 在操作中熟悉流程的标准，提高团队合作能力。

【任务描述】

小张和小王同时进汽车维修厂实习，这天车间有一辆新能源汽车的驱动电机总成已经拆了下来，他们两个讨论关于驱动电机温度传感器检测问题。小张说："温度传感器集成在驱动电机内部，根本没有端子可供检测。"小王说："温度传感器虽然集成在驱动电机内部，但拆开驱动电机三相高压接口密封盖后，是有一个低压接口的，接口上有温度传感器端子，因此，是可以检测的。但温度传感器如果出现故障，也要更换电机总成。"他们两个谁说的对呢？

【相关知识】

一、驱动电机的检测

驱动电机系统（主要指驱动电机与控制器）在整车上拆下后，严禁进行单体拆解维修，但可通过相关检测对驱动电机系统工作性能进行诊断，最终确定该系统工作是否正常。一旦确定驱动电机系统有故障，一般需更换总成。驱动电机系统常规检测项目一般包括基本电量参数检测、电机性能检测、驱动电机三相电流监测、驱动电机相关部件（如定子绕组、旋转变压器、温度传感器等）的检测等，接下来将介绍相关检测。

1. 基本电量参数检测

基本电量参数检测主要对驱动电机的电压、电流、功率、频率和相位等参数进行检测，这些参数通常使用功率分析仪（或功率计）即可满足测量需求。功率分析仪（测试方案简图如图3-29所示）实际上是电压表、电流表、功率表和频率表的融合，它实现了高精度的电压、电流、频率、相位即时采集并实时运算出结果，可提供精准的电机相关电量参数测试结果，且不同参数之间的采集在时基上是同步的，保证了数据的有效性。将这些数据与标准进行比对，即可判断被测电机是否满足正常工作要求。

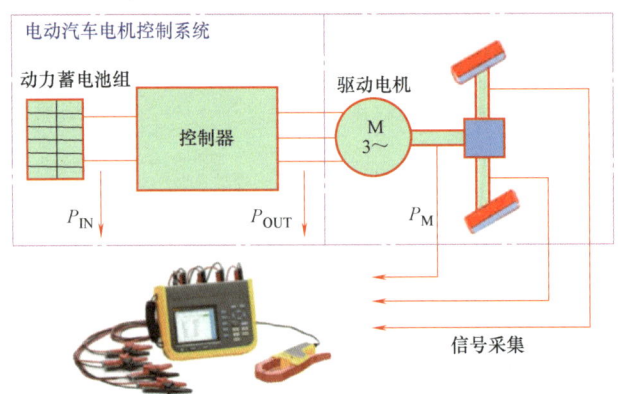

图 3-29　功率分析仪测试方案简图

测试仪器有对应的测试指标，如精度、带宽和采样率等，在选择测试仪器时要注意仪器的指标是否满足自身需要与相关测试标准要求。

2. 驱动电机性能测试

驱动电机性能测试一般通过驱动电机综合性能测试仪完成，包括负载特性测试、T-n 曲线测试、耐久性测试等项目。

（1）负载特性测试

1）目的：通过不同负载情况下电机特性的测试，收集效率、功率因数、转速、定子电流等参数，可以判断电机在不同适用场合下是否能保持良好的运行状态。

2）测试方法：通过伺服电机给被测电机加载，由 150% 额定负载逐步降低到 25% 额定负载，在此范围最少选取 6 个测试点（必须包含 100% 额定负载点），测取其电压、电流、功率、转矩和转速等相关参数并进行计算后，与标准数据比对。

3）测试依据标准：GB/T 22669—2008《三相永磁同步电动机试验方法》第 8 章负载试验；GB/T 1032—2012《三相异步电动机试验方法》第 7 章负载特性试验。

（2）T-n 曲线测试

1）目的：描绘出电机的转速（n）、转矩（T）关系特性曲线。根据不同转速对应下的转矩来判断电机基本特性，直观地表现电机运行性能，更好地评估电机的运行状态。

2）测试方法：通过控制被测电机的转速，测量从 0 转速到最高转速不同转速点能输出的最大转矩，绘制出其关系曲线。

（3）耐久性测试

1）目的：衡量电机使用寿命。

2）测试方法：在测试仪的测试软件中，可由用户设定电机按某个测试方案来进行耐久性测试，如设定被测电机以 80% 的额定转速运行 10min，之后暂停 5min，再以 120% 的额定转速运行 10min 等。测试该运行过程中的电压、电流、效率、转矩和转速等关键信息。

3. 驱动电机三相电流监测

电机控制器监测连接到各驱动电机三相的电流传感器，以便检测逆变器是否存在电流过大故障。大多数电流传感器是驱动电机控制器总成内部的一部分，无法单独维修。另外，由于所有的电动机或发电机相电路是通过电气方式连接的，其电流总量应相同。电机控制器执行一次计算，以确认相电流传感器的精确性。如果 U、V、W 相电流传感器的相电流总量大致相同，则计算结果应接近零。如果 U、V、W 相电流相差较大，则会认为是故障。

4. 驱动电机相关部件检测

驱动电机相关部件检测必须在整车高压下电且驱动电机已经在整车上拆下的前提下进行。

（1）定子绕组的检测

通常通过检测定子绕组电阻的方法判断其工作是否正常。

（2）旋转变压器的检测

驱动电机旋转变压器由驱动电机控制器监测。根据旋转变压器型位置传感器信号，电机控制器监测驱动电机转子的角位置、转速和方向。位置传感器包含一个一次绕组、两个二次绕组和一个不规则形状的金属转子。旋转变压器检测通常通过万用表进行，一般通过检测旋转变压器绕组电阻的方法判断其是否正常。

（3）温度传感器的检测

在大多数电机控制器模块内部会设置有温度传感器，用于检测连接电机电缆的温度，以及模块自身集成电路的温度。温度传感器是一个热敏电阻，它的电阻值随温度而改变。温度传感器的检测通常通过万用表进行，一般通过检测温度传感器电阻的方法判断其是否正常。

5. 电机控制器高压绝缘检测

驱动电机控制器利用若干内部传感器测量动力蓄电池的高电压。测试高电压正极电路或高电压负极电路和车辆底盘之间是否存在失去隔离的情况，当检测到电机控制器或者相关电路在动力蓄电池输出高电压后，存在对车辆底盘的电阻过低情况，系统会将这一情况反馈给整车控制器，并与整车控制器一起切断车辆的高电压，避免发生事故。

注：绝缘检测请参看《新能源汽车使用与安全防护》项目 4，此处不再赘述。

6. 驱动电机控制器检测

驱动电机控制器发生故障时，系统一般会存储相关故障码，也可以利用诊断仪通过读取数据流的方式进行诊断。北京-EU5 驱动电机系统数据流如图 3-30 所示。

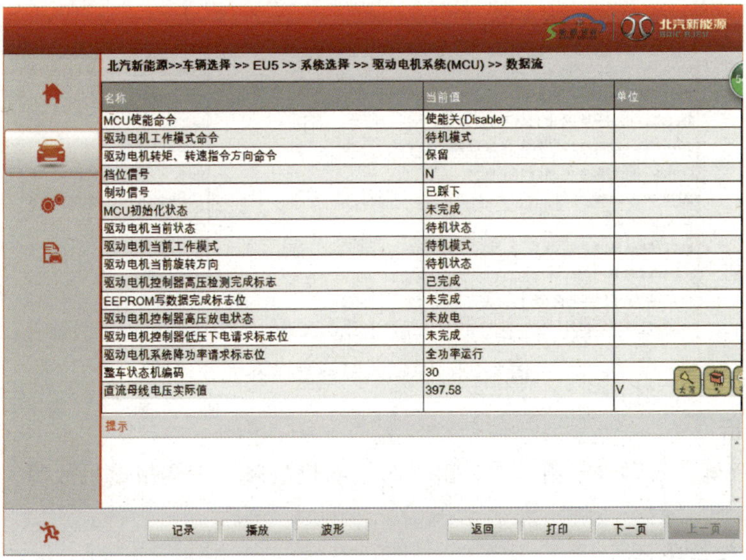
北汽新能源>>车辆选择 >> EU5 >> 系统选择 >> 驱动电机系统(MCU) >> 数据流

名称	当前值	单位
MCU使能命令	使能关(Disable)	
驱动电机工作模式命令	待机模式	
驱动电机转矩、转速指令方向命令	保留	
档位信号	N	
制动信号	已踩下	
MCU初始化状态	未完成	
驱动电机当前状态	待机状态	
驱动电机当前工作模式	待机模式	
驱动电机当前旋转方向	待机状态	
驱动电机控制器高压检测完成标志	已完成	
EEPROM写数据完成标志位	未完成	
驱动电机控制器高压放电状态	未放电	
驱动电机控制器低压下电请求标志位	未完成	
驱动电机系统降功率请求标志位	全功率运行	
整车状态机编码	30	
直流母线电压实际值	397.58	V

图 3-30　北京-EU5 驱动电机系统数据流

二、驱动电机故障案例解析

1. 车辆基本信息

2018 款北京-EU5 R500 智尚版，行驶 49km。

2. 客户报修

车辆无法上高压电（Ready 指示灯不亮）。

3. 确认故障

拖车到 4S 店，车间技师进行故障现象确认：

1）检查车辆仪表，显示无法上高压电。

2）整车故障指示灯红色点亮，如图 3-31 所示。

3）驱动电机红色指示灯点亮。

4）导航显示区显示"您的爱车出现故障，请联系授权服务商检修"。

5）踩制动踏板 Ready 灯不亮；可以快慢充电。

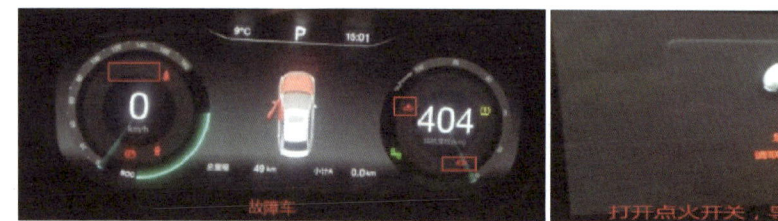

图 3-31　故障车仪表显示

读取车辆故障码，报 P11AA01：MCU 主控板电源模块故障，如图 3-32 所示。

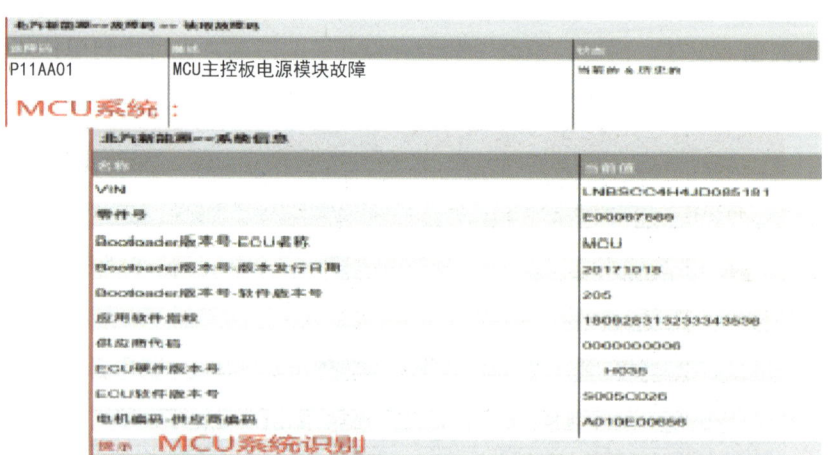

图 3-32　车辆故障码显示界面

4. 故障分析

因车辆是新车，入库时车辆正常，出库时报电机故障。车辆报电机故障，有可能有以下几种原因：

1）低压熔丝故障。

2）MCU 主控板故障。

3）电机故障。

5. 故障诊断

1）检查低压蓄电池电压为 12.3V，正常；检查前机舱左侧和驾驶人侧熔丝及继电器，无损坏与缺失，如图 3-33 所示。

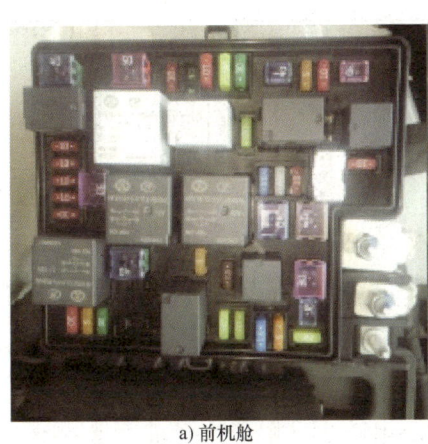 

a）前机舱　　　　　　　　　　　b）驾驶人侧

图 3-33　熔丝盒示意图

2）读取数据流并分析。连接诊断仪，读取 PEU 数据流，发现 MCU 系统数据流中，系统整车状态为 30，30 是上电状态，基本判断 MCU 通过控制器局域网络（Controller Area Network，CAN）可以读取到点火开关信号。

但实车并未上电，且快慢充均工作正常，说明动力蓄电池包内部无故障，因此怀疑 PEU 唤醒 BMS。

3）PEU 唤醒检测：结合 PEU 电路图（图 3-34）做如下检查。

① PEU EF28 10A 熔丝正常，且 PEU T48/M3、T48/L3 有电，PEU T48/L4、T48/M4 接地正常。

② 检查 PEU T48/C4 至 BMS T28/d 线束（慢充信号）无断路与短路故障、PEU T48/B4 至 BMS T28/b 线束（点火开关 ON 档唤醒）无断路与短路故障且打开点火开关踩制动无电；检查 PEU T48/M1 至 BMS T28/M 线束没有断路（快充正极），PEU T48/M2 至 BMS T28/J 线束没有断路（快充负极），PEU T48/L1 至 BMS T28/X 线束没有断路（DC/DC 唤醒）且检查无信号变化。

③ 通过上述检查基本证实了该故障是由于 MCU 未唤醒 BMS 造成的，但 MCU 是集成在 PEU 内部的，因此决定采用替换法。

6. 故障排除

更换 MCU 后故障排除，经试车确认故障排除；交车后跟踪客户，确认该故障未出现，故障彻底排除。

7. 维修总结

1）故障诊断时需要认真梳理电机控制系统与高压上电（Ready）的关系（控制逻辑），只有这样才能做出有效判断，确定故障诊断范围。

2）虽然故障现象是无法高压上电（Ready），但快慢充系统均能正常工作，说明动力蓄电池内部是无故障。

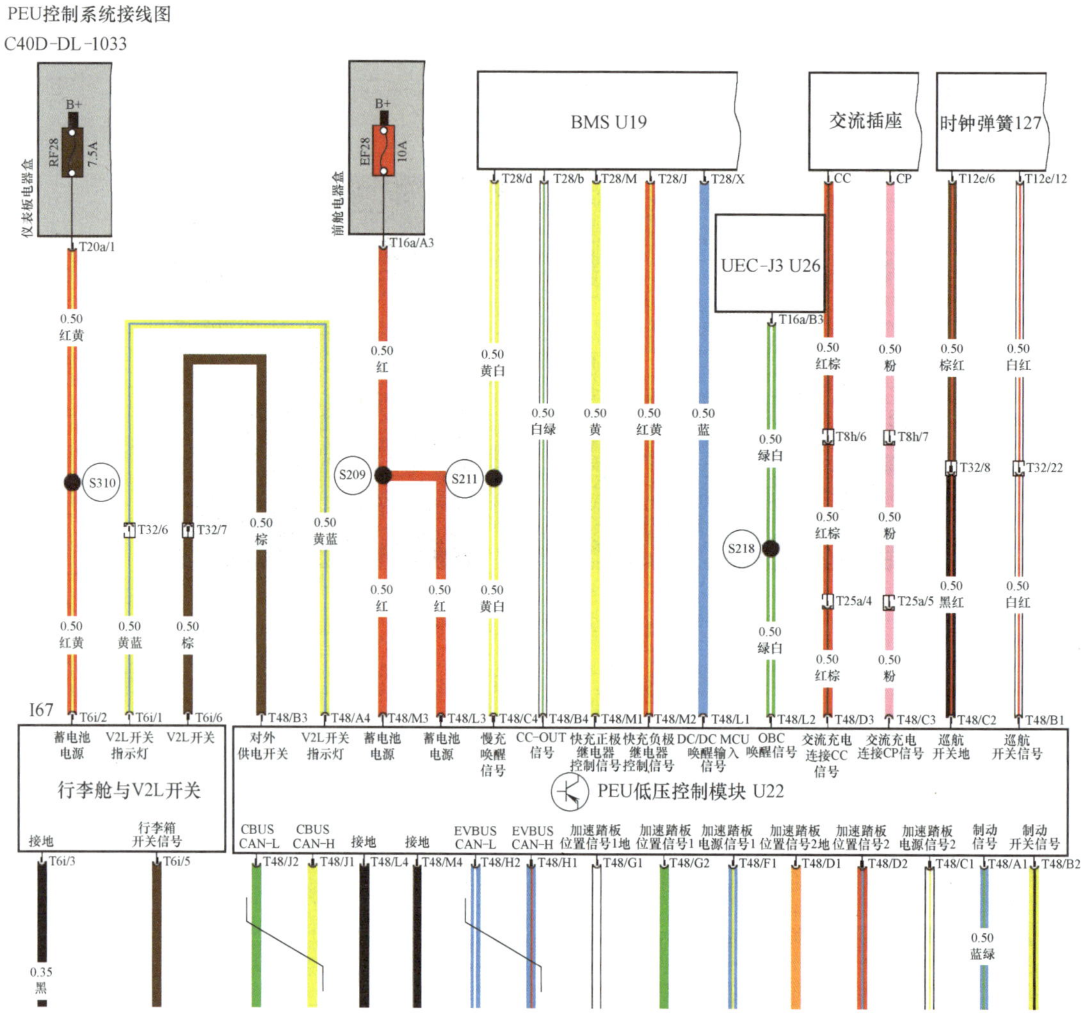

图 3-34 北京-EU5 PEU 原厂电路图

注：为便于对照原厂维修手册进行学习，本电路图不做与国家标准相一致的修改。

3）读取数据流是对系统部分信号进行故障分析的有效手段，故障码也能更聚焦于故障点，在维修未遇到过的故障时应考虑优先采用该方法。

4）无论诊断任何故障，都应本着由简到繁的原则，如果怀疑某个系统工作不正常，熔丝、电源与搭铁应优先检查。

【实训任务六】 驱动电机总成拆装与检测

实训场地和器材

新能源汽车作业工位和举升机、新能源汽车整车、工作灯、常规维修工具套装、万用表、工作台。

扫一扫

驱动电机检测

作业准备

1）检查举升机。

2）新能源汽车整车和防护三件套等 5S 操作。

操作步骤

本操作应在全车高压确认断电情况下进行,高压断电(下电)操作在《新能源汽车使用与安全防护》中已有详细讲解,此处不再赘述,只重点介绍驱动电机拆装与检测操作。

1. 驱动电机拆装注意事项

驱动电机拆装分为就车拆装（将驱动电机总成从车上拆下）和驱动电机总成解体两种操作。就车拆装注意事项如下：

1）驱动电机总成为高压电部件,拆卸前应遵守售后维修车间高压电安全操作规范。

2）高压断电（操作流程在高压电安全中有详细讲解,此处不再赘述）。

3）以下所有操作都默认在点火开关处于 OFF 位置、断开 12V 蓄电池、高压已确认断电、已拆卸前机舱后装饰板总成情况下进行操作（关于举升车辆操作本节不特别指出,根据需要进行操作）。

2. 动电机拆装

下面以北京-EU5 为例,讲解驱动电机总成拆装流程,就车拆装操作流程见表 3-8,总成解体操作流程见表 3-9。

表 3-8 驱动电机就车拆装操作流程

序号	操作内容	图示
1	拆卸 12V 蓄电池及托盘	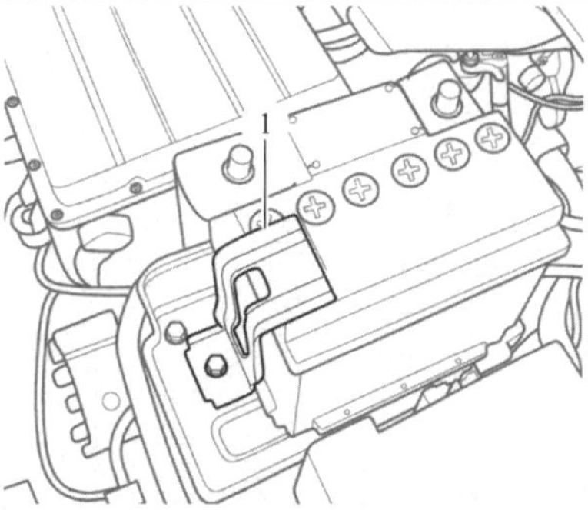 1—蓄电池压板
2	通过旋松散热器泄放塞(箭头)排放冷却液	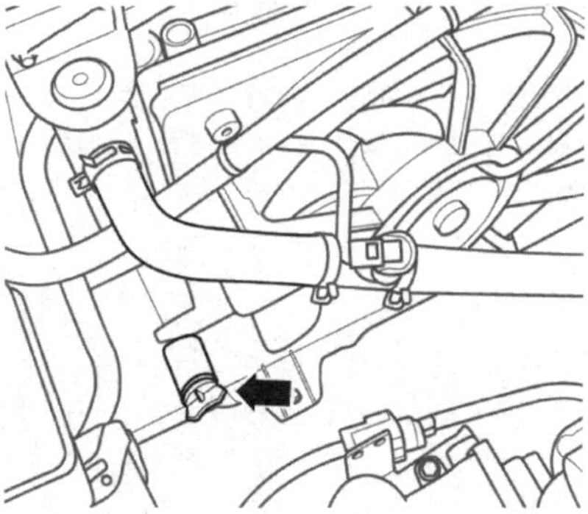

（续）

序号	操作内容	图示
3	拆卸相关线束插头、固定螺栓后拆卸电动真空泵总成	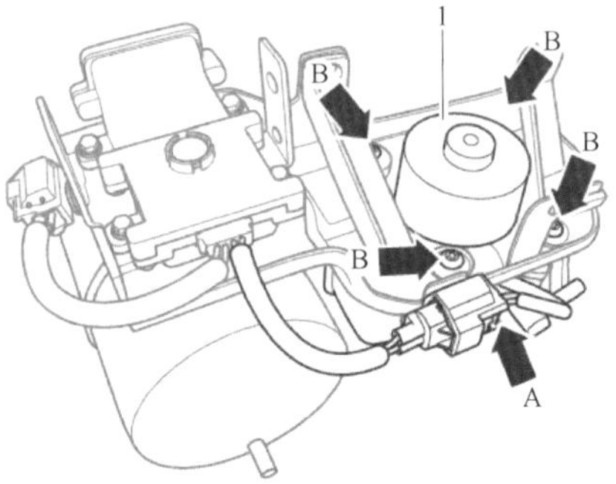 1—电动真空泵总成　A—电动真空泵线束插头　B—固定螺栓
4	拆卸两侧前驱动轴总成	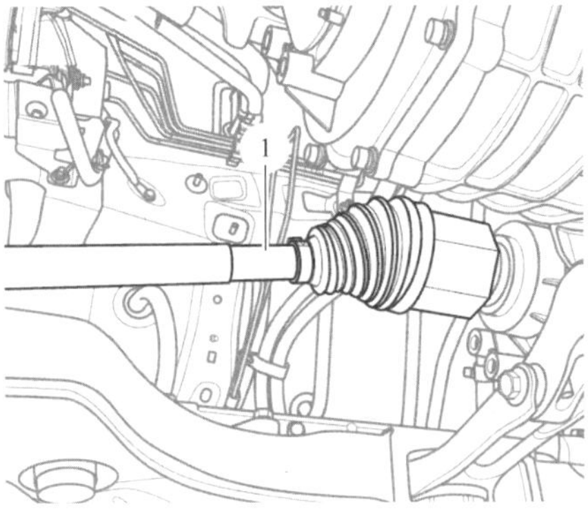 1—前驱动轴
5	1）回收空调系统制冷剂（回收操作在空调章节中有详细讲解，此处不再赘述） 2）拆卸空调压缩机相关管路、线束插头、固定螺栓后，取下电动压缩机及支架	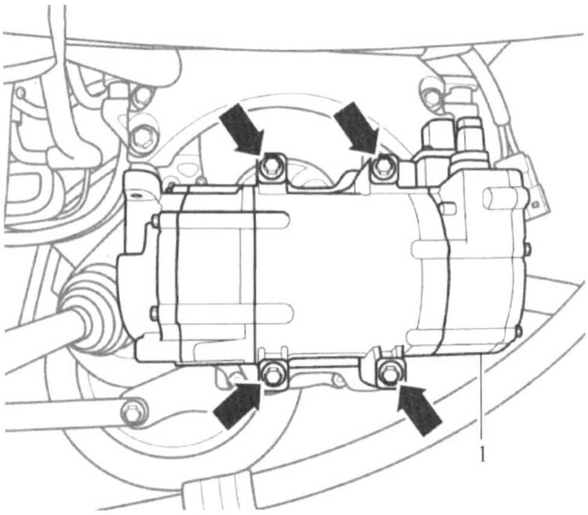 1—电动压缩机总成 （箭头所指为压缩机与支架固定螺栓）

(续)

序号	操作内容	图示
6	1)排放冷却液 2)拆卸 PEU 总成进出冷却液管、高低压线束总成、相关固定螺栓后,取下 PEU 总成	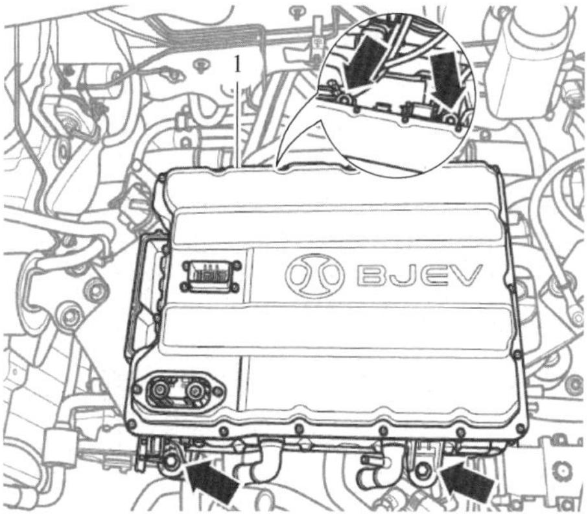 1—PEU 总成 (箭头所指为 PEU 总成固定螺栓,上述拆卸步骤中其他螺栓并未标出,操作中以实车为准)
7	拆卸冷却液泵进出冷却液管(箭头所指为冷却液管卡箍)、固定螺栓后,取下冷却液泵总成(冷却液已在拆卸 PEU 时实施排放)	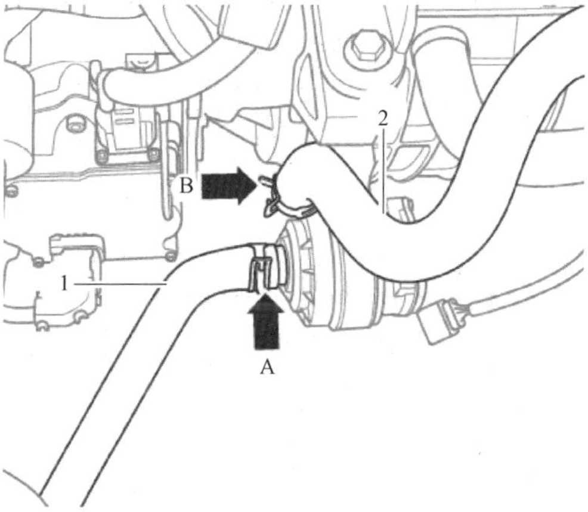 1—冷却液泵进水管 2—冷却液泵出水管 A、B—冷却液管卡箍
8	1)拆下 PEU 支架 2)拆下驱动电机进出冷却液管	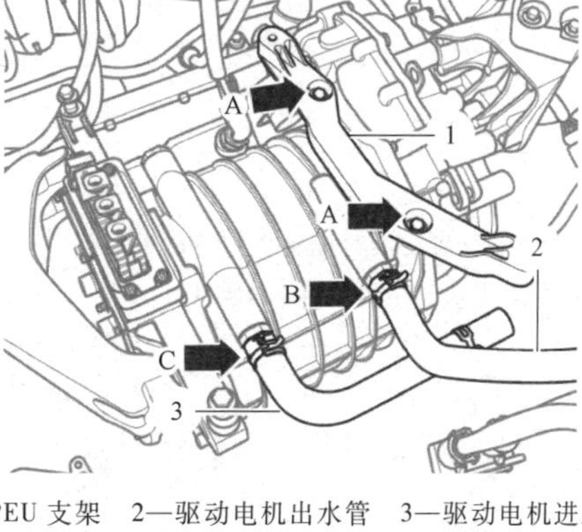 1—PEU 支架 2—驱动电机出水管 3—驱动电机进水管 A—固定螺栓 B、C—卡箍

(续)

序号	操作内容	图示
9	1)将举升装置置于驱动电机总成1下部 2)拆卸相关固定螺栓后,落下举升装置,驱动电机拆卸完成	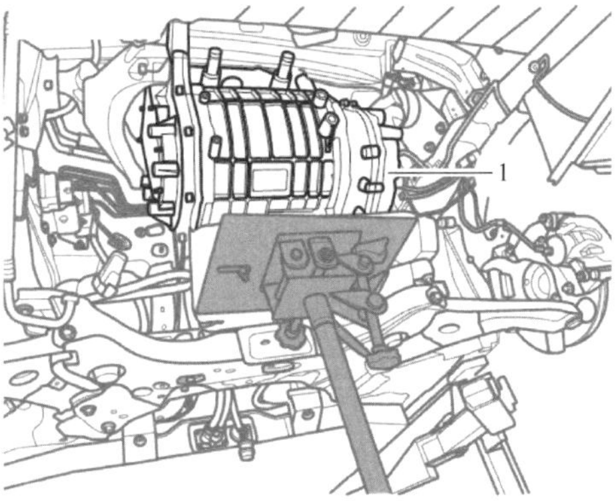 1—驱动电机总成
10	安装以倒序进行	
11	场地及工具整理(5S),工作结束	

表3-9 驱动电机总成解体操作流程

序号	操作内容	图示
1	旋出左悬置支架与减速器固定螺栓(箭头所指),取下左悬置支架1	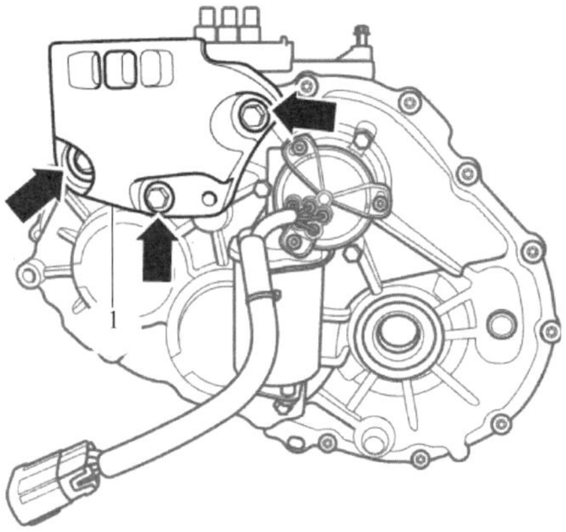 1—左悬置支架
2	旋出右悬置支架与驱动电机固定螺栓(箭头所指),取下右悬置支架1	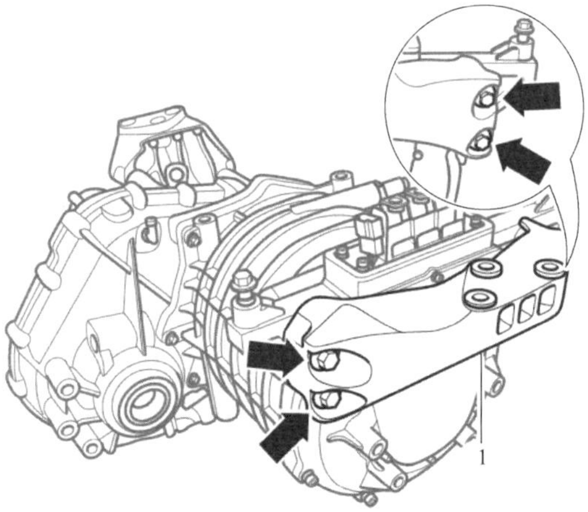 1—右悬置支架

项目三　驱动电机系统结构、原理与检修

（续）

序号	操作内容	图示
3	旋出固定螺栓（箭头所指），分解驱动电机1与减速器2	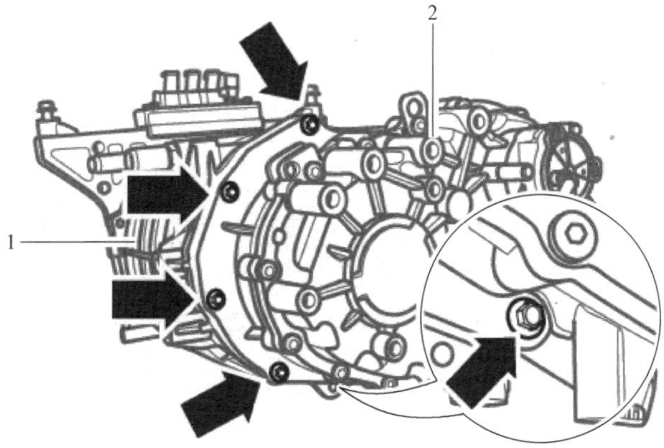 1—驱动电机　2—减速器
4	旋出固定螺栓（箭头A、B），拆下P位电机总成1，驱动电机总成分解完毕	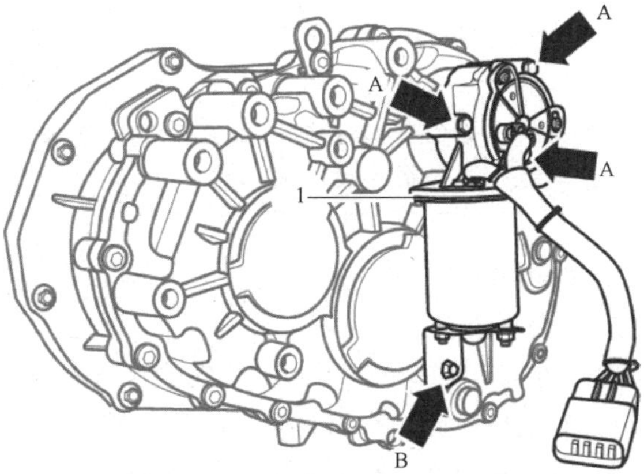 1—P位电机总成　A、B—固定螺栓
5	安装以倒序进行，同时注意下列事项：驱动电机花键（箭头A）区域与减速器连接花键（箭头B）区域需要均匀涂抹润滑脂	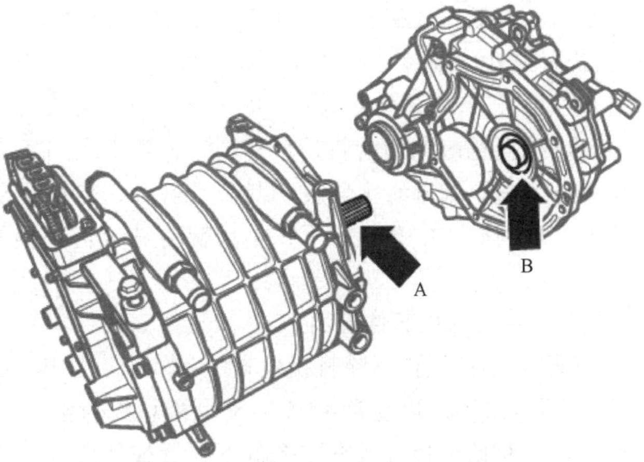 A—驱动电机花键　B—减速器连接花键
6	场地及工具整理(5S)，工作结束	

➡ 小知识：既然驱动电机总成不可拆修，还有检测的必要吗？

虽然驱动电机总成不可拆修，但仍可通过一些检测项目确定其是否损坏，一旦确定损坏，即更换总成。

🎤 你知道吗？

相当一部分汽车维修技师认为电动汽车驱动电机不允许维修内部相关部件，所以一旦驱动电机报故障，就直接更换驱动电机了。但在实际维修案例中，有一部分驱动电机故障只是线束插接器接触不良、氧化造成的，我们需要严谨地按照维修手册流程要求检查之后才能更换。

➡ 课堂讨论

同学们，对于一名汽车维修技师来讲，严谨是我们必备的素质之一，严格、严谨地按照汽车厂家维修手册的流程、标准进行作业，是保证我们安全、快速地解决车辆故障的基本前提之一。你们还知道哪些在实际维修中因为不够严谨导致返工甚至客户投诉的案例呢？接下来就让我们大家分享一下吧！

3. 驱动电机检测

（1）目测检查

驱动电机从整车上拆下后，严禁进行单体拆解维修，需目检项目如下：

1）检查电机壳体有无破损，若有破损，更换驱动电机。
2）检查钢丝螺套有无损坏、装配不到位或脱落，若有，更换驱动电机。
3）检查三相高压连接母线有无破损，若有，更换驱动电机。
4）检查低压插接器内端子有无歪针、退针、断针，若有歪针，使用专用工具轻轻扶正；若有退针、断针，则更换驱动电机。
5）检查O形圈有无遗失、损坏，若有，补充或更换O形圈。
6）检查花键轴润滑脂是否不均匀，若不均匀，涂抹均匀。
7）检查花键轴有无磨损、断裂，若有，更换驱动电机。
8）检查电机空载状态下，手动转动是否自如顺畅，是否有卡滞、顿挫感，若有，更换驱动电机。

（2）驱动电机部件检测

驱动电机常规检测除目视检查项目外，一般包括旋转变压器、温度传感器、定子绕组检测三个项目，下面以北京-EU5驱动电机总成为例，介绍检测方法。

1）将驱动电机总成在车上拆下，拆卸外围附件后，放在工作台上。
2）校准万用表（图3-35）：将万用表拨到电阻档，两个表笔搭接后，万用表显示应小于 0.5Ω。

3）旋转变压器（旋变）的常规检测方法如下。拆开驱动电机高压插接器处端盖，将万用表拨到电阻档，分别测量驱动电机12针插接器（图3-36）的3号与10号端子、2号与9号端子，其间应有（43±5）Ω电阻，1号与8号端子之间应有（19±2）Ω电阻（检测方法见表3-10，数据汇总见表3-11），否则应检查线束、端子是否退针。如上述检查正常，则可能旋转变压器损坏，需更换驱动电机总成（有些品牌旋变可单独更换，则无须更换驱动电机总成）。

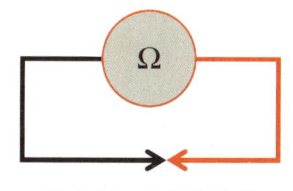

图 3-35　万用表校准

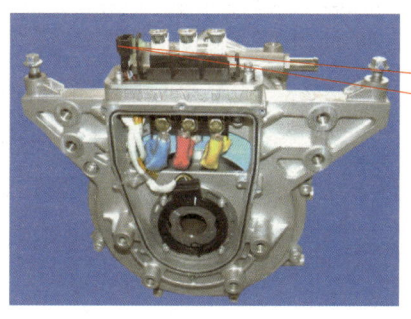

a) 实物

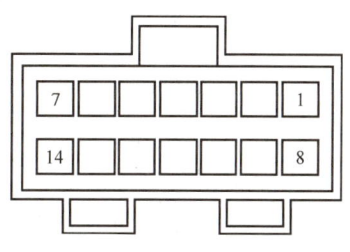

b) 端子排列

图 3-36　驱动电机 12 针插接器实物及端子排列

表 3-10　旋变电阻测量方法

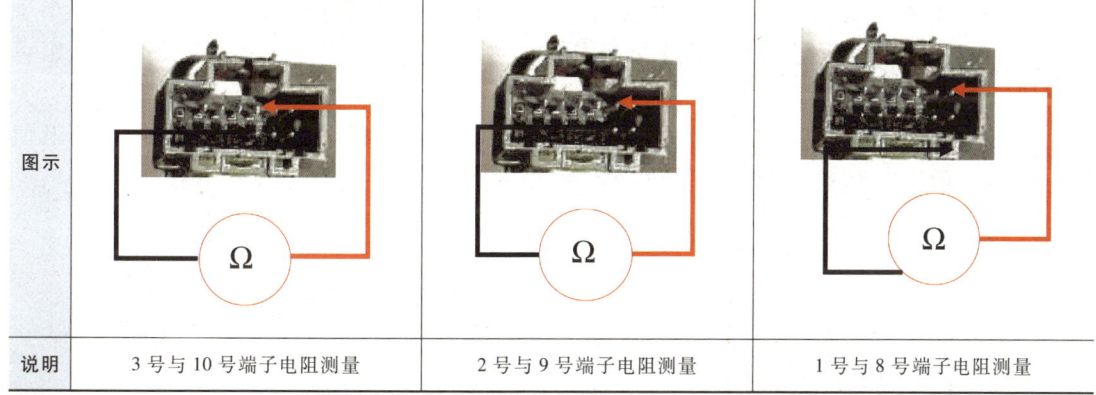

图示			
说明	3号与10号端子电阻测量	2号与9号端子电阻测量	1号与8号端子电阻测量

表 3-11　旋变数据汇总

端子	功能描述	信号类型	额定电流/mA	I_{max}/mA	状态说明
1	激励绕组 R1	模拟信号	40	100	电阻:(19±2)Ω
8	激励绕组 R2	模拟信号	40	100	电阻:(19±2)Ω
2	余弦绕组 S1	模拟信号	40	100	电阻:(43±5)Ω
9	余弦绕组 S3	模拟信号	40	100	电阻:(43±5)Ω
3	正弦绕组 S2	模拟信号	40	100	电阻:(43±5)Ω
10	正弦绕组 S4	模拟信号	40	100	电阻:(43±5)Ω

4）驱动电机温度传感器检测：驱动电机温度传感器一般通过检测电阻确定传感器工作是否正常，检测方法如下。拆开驱动电机高压插接器处端盖，将万用表拨到电阻档，分别测量驱动电机 12 针插接器的 6 号与 13 号端子、5 号与 12 号端子，其间应有 1097.3Ω（25℃）电阻（数据汇总见表 3-12），否则应检查线束、端子是否退针。如上述检查正常，则可能温度传感器损坏，需更换驱动电机总成（如果温度传感器与驱动电机集成，则无法单独更换）。

表 3-12　驱动电机温度传感器数据汇总

端子	功能描述	信号类型	额定电流/mA	I_{max}/mA	状态说明
6	电机温度 TEMP_H0	模拟信号	1.2	6	1097.3Ω（25℃）
13	电机温度 TEMP_L0	模拟信号	1.2	6	
5	电机温度 TEMP_H1	模拟信号	1.2	6	1097.3Ω（25℃）
12	电机温度 TEMP_L1	模拟信号	1.2	6	

5）驱动电机定子绕组常规检测主要是检测电阻，检测方法如下。

① 将万用表拨到电阻档，分别测量驱动电机定子三相绕组阻值（图 3-37），应小于 0.5Ω，否则应检查驱动电机高压接柱与定子绕组内部连接，如果连接正常，则定子绕组可能损坏，需更换驱动电机总成。

② 将万用表拨到电阻档，分别测量驱动电机定子三相绕组对驱动电机外壳阻值（图 3-38），阻值应为 ∞，否则定子三相绕组可能有短路故障，需更换驱动电机总成。

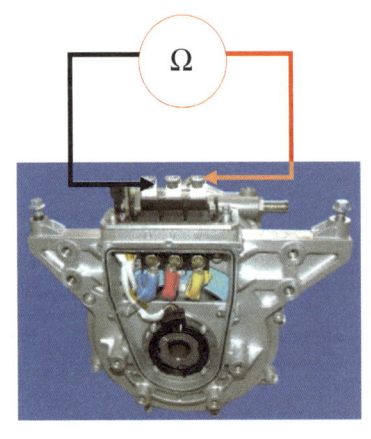

图 3-37　驱动电机定子三相绕组电阻测量示意图（需测量三次）

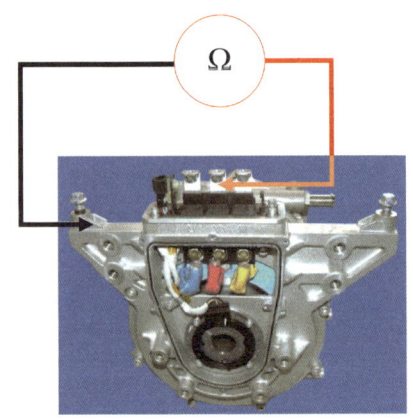

图 3-38　驱动电机定子三相绕组对驱动电机外壳电阻测量示意图（需测量三次）

竣工检验

整理、恢复作业场地。

实训任务总结

实训任务六习题

驱动电机总成拆装与检测	工作任务单	班级：
		姓名：

1. 车辆信息记录

品牌		整车型号		生产年月	
驱动电机型号		动力蓄电池电量		行驶里程	
车辆识别码					

2. 作业场地准备

检查设置隔离栏	□是 □否
检查设置安全警示牌	□是 □否
检查灭火器压力及有效期	□是 □否
安装车辆挡块	□是 □否

3. 记录驱动电机就车拆装操作流程

4. 驱动电机检测

检测对象	检测条件	检测值	标准值	结果判断
旋转变压器		1.	1.	
		2.	2.	
		3.	3	
驱动电机温度传感器		1.	1.	
		2.	2.	
驱动电机定子				

驱动电机总成拆装与检测		实习日期：	
姓名：	班级：	学号：	导师签名：
自评：□熟练□不熟练	互评：□熟练□不熟练	师评：□合格□不合格	
日期：	日期：	日期：	

驱动电机总成拆装与检测【评分细则】

序号	评分项	得分条件	分值	评分要求	自评	互评	师评
1	安全/5S/态度	□1. 能进行工位5S操作 □2. 能进行设备和工具安全检查 □3. 能进行车辆安全防护操作 □4. 能进行工具清洁、校准、存放操作 □5. 能进行"三不落地"操作	15	未完成1项扣3分	□熟练 □不熟练	□熟练 □不熟练	□合格 □不合格
2	专业技能	□1. 能正确进行驱动电机总成就车拆装操作 □2. 能正确进行驱动电机总成解体操作 □3. 能正确检测驱动电机旋变电阻 □4. 能够正确检测驱动电机温度传感器 □5. 能够正确检测驱动电机定子绕组	70	未完成1项扣14分	□熟练 □不熟练	□熟练 □不熟练	□合格 □不合格
3	工具及设备的使用能力	□1. 能够正确举升车辆 □2. 能够正确使用常规工具 □3. 能正确使用万用表	15	未完成1项扣5分	□熟练 □不熟练	□熟练 □不熟练	□合格 □不合格

总分：

项目四 高压电控系统结构、原理与检修

任务一 高压电控系统认知

【学习目标】

知识目标：
1) 理解新能源汽车高压电控系统基本构成。
2) 理解新能源汽车高压电控系统分类。
3) 理解新能源汽车高压电控系统参数。

技能目标：
1) 能够识别高压电控系统部件。
2) 能够对高压电控系统各部件进行正确指认。

素质目标：
1) 操作过程中互相学习，团队合作，探索新鲜事物。
2) 通过对高压电控系统的探索，从认知到掌握，提高自己的知识水平和实操能力。

【任务描述】

张鹏来到汽车维修厂实习，车间主管问他新能源汽车高压电控系统都包含哪些部件，但他不知道如何回答，你能告诉他吗？

【相关知识】

一、高压电控系统的基本构成

1. 概述

高压电控系统是指电动汽车内部与动力蓄电池直流母线相连或由动力蓄电池电源驱动的高压驱动零部件系统，主要包括：动力蓄电池系统、高压配电系统、电机及其控制器系统、

电动压缩机、DC/DC 变换器、车载充电机和 PTC 加热器等。各子系统几乎都通过自己的控制单元来完成各自的功能和目标。为了满足整车动力性、经济性、安全性和舒适性目标，一方面，必须具有智能化的人车交互接口；另一方面，各系统还必须彼此协作，优化匹配。因此，新能源汽车需要一个整车控制器来管理汽车中的各个部件。

2. 整车控制器

整车控制器（VCU）作为新能源汽车中央控制单元，是整个控制系统的核心。VCU 采集电机及蓄电池状态，采集加速踏板信号、制动踏板信号、执行器及传感器信号，根据驾驶人的意图综合分析做出相应判定后，监控下层的各部件控制器的动作，它负责汽车的正常行驶、制动能量回馈、整车发动机及动力蓄电池的能量管理、网络管理、故障诊断及处理、车辆状态监控等，从而保证整车在较好动力性、较高经济性及可靠性状态下正常稳定地工作。可以说整车控制器性能的好坏直接决定了新能源汽车整车性能的好坏。

 你知道吗？

> 整车控制器作为新能源汽车的中央控制单元要对车上所有信号给出及时的反馈和正确的指令。这就像同学们今后无论在哪个岗位都要加强学习，不断提高认识能力，能明确是非标准，分辨善恶美丑，培养敏锐的洞察力一样，只有这样，在面对形形色色的客户时，才能及时正确地做出回应，做到办事公道，营造风清气正的工作、生活环境。

整车控制器（VCU）的功能：

1）汽车驱动控制：根据驾驶人要求、车辆状态等工况，合理控制电机的工作状态及功率输出，满足驾驶工况要求，包括加减速、恒速、制动和后退的工况。

2）制动能量回馈控制：根据制动踏板和加速踏板信息、车辆行驶信息、动力蓄电池状态信息，判断制动模式，计算制动力矩分配，回收部分能量。

3）整车能量优化：通过对电动汽车的电机驱动系统、动力蓄电池管理系统、传动系统以及其他车载耗能部件的协调和管理，获得最佳的能量利用率，延长使用寿命。

4）故障诊断和保护：进行故障诊断，并及时进行相应的安全保护处理；故障码的存储和回调。

5）网络管理：组织信息传输，监控网络状态，管理网络节点等。

6）车辆状态监视：将各自管辖对象的状态信息和故障诊断信息发至总线，由整车控制器通过综合数字仪表显示出来。

有的新能源汽车（如北京-EU5）取消了整车控制器（VCU），其功能由电机控制器（集成在 PEU 中）、动力蓄电池控制模块分别实现，涵盖了仪表信息显示、中控信息显示、故障警示显示、加速及制动踏板控制、档位控制、驻车控制、空调控制、DC/DC 变换器控制、远程控制、热管理、充电锁控制、上下电控制及故障诊断等控制功能。

二、新能源汽车高压电控系统的分类

新能源汽车高压电控系统分为分体式、PDU、PEU 三种类型，如图 4-1 所示。

1. 分体式

在电动汽车上，高压电控系统由 MCU、高压控制盒、DC/DC 变换器、车载充电器（On

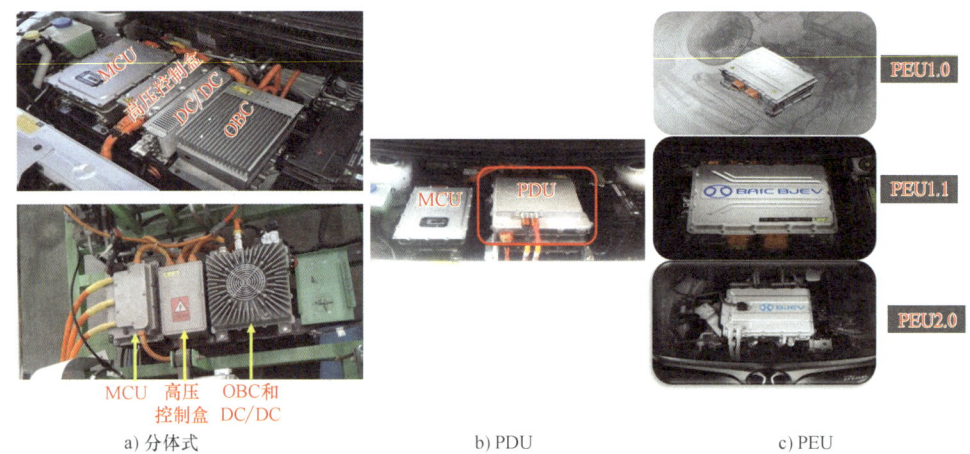

a) 分体式　　　　　　　　b) PDU　　　　　　　c) PEU

图 4-1　新能源汽车高压电控系统的分类

Board Charger，OBC)、高压线束等组成。

MCU 的作用：接收 VCU 发送的动力驱动指令；通过控制 IGBT 将高压直流电逆变为三相交流电；控制电机三相电的动力输出，实现对车辆怠速、前行、倒车、停车、能量回收以及驻坡等功能控制；监控 U、V、W 三相电的电流；监控 IGBT 温度；与其他模块通信实现对动力系统故障与状态的反馈。

高压控制盒的作用：主要负责直流（快充）电路的接通；内置有直流正极、直流负极充电继电器；内置各高压用电器的熔丝等。

DC/DC 转换器，也可以简单地认为是一个变压器，将动力蓄电池的高压直流电转化为低压直流电，为低压蓄电池充电。

车载充电器的作用：将交流充电（慢充）的交流电整流为直流电；调控交流充电电压；与 BMS、VCU 等模块通信对动力蓄电池以及充电过程进行监控。

2. PDU

电源分配单元（Power Distribution Unit，PDU）集成了分体式系统中的高压控制盒、DC/DC 变换器和 OBC 三个部件。PDU 通过母线及线束连接高压电元器件，为新能源汽车高压系统提供充放电控制、高压部件上电控制、电路过载短路保护、高压采样、低压控制等功能，保护和监控高压系统的运行。

3. PEU

高压驱动集成单元（Power Electronics Unit，PEU）是将车载充电器模块、DC/DC 变换器模块、驱动电机控制器及高压配电模块集成在一起的产品，将原本生产过程需要多次装配的部件进行集成化设计，提高了装配效率和生产效率。

MCU 具备换档控制功能、能量回收控制功能、整车转矩需求控制功能、定速巡航控制功能、防溜坡控制功能、碰撞安全控制功能、制动系统控制功能、整车控制功能、高级驾驶辅助系统（Advanced Driving Assistance System，ADAS）功能等。

车载充电器同时要满足充电和电源两种模式。在充电工作模式下，车载充电器以动力蓄电池包给出的数据作为参考，工作在恒流和恒压输出两个阶段。

PEU 集成化设计将原本大量的高压线束优化后，在内部母线中集成体现，提高了高压母线的屏蔽效果。另外，PEU 的各个接口是根据整车的需求进行定制化设计的，与 PEU 连接的高低压电线束较为简易，提高了高低压电线束装配的便捷性和可靠性。

三、PEU2.0 构造与功能

在北京-EU5 车型上，采用了集成度更高的 PEU2.0 系统。

1. PEU 模块外部结构

PEU 模块外部正面结构如图 4-2 所示。

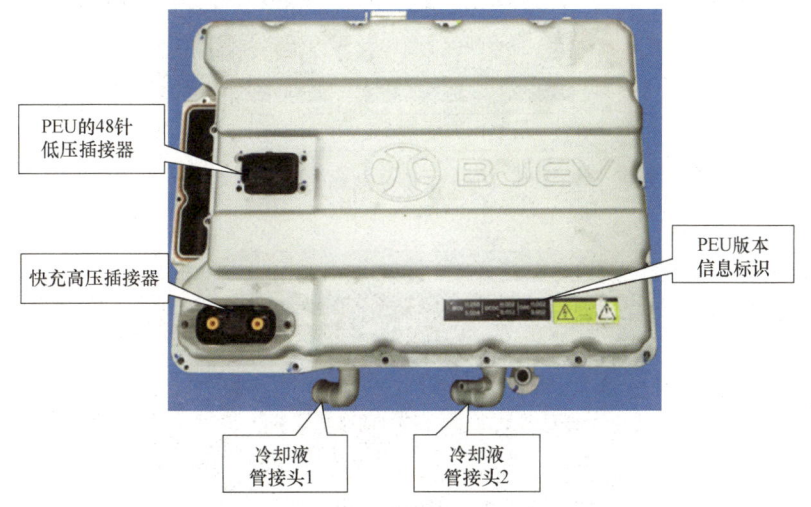

图 4-2 PEU 模块外部正面结构

PEU 模块外部侧面 1 结构如图 4-3 所示。

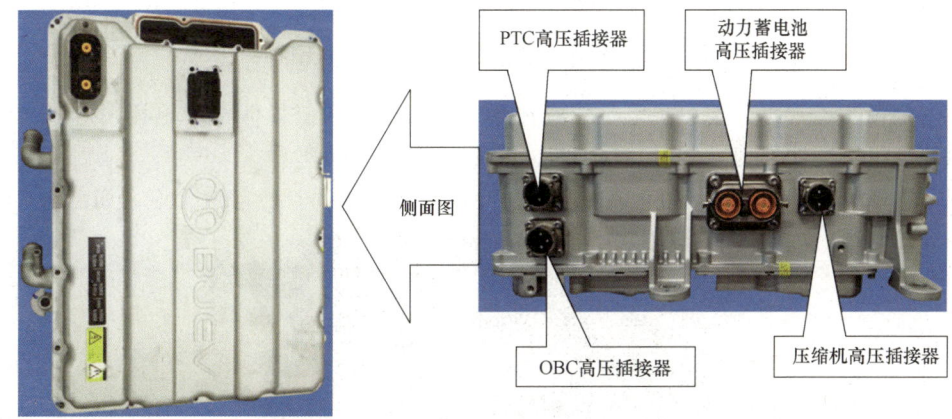

图 4-3 PEU 模块外部侧面 1 结构

PEU 模块外部侧面 2 结构如图 4-4 所示。

2. PEU 模块内部结构

PEU2.0 内部模块布局：MCU 控制器、DC/DC 变换器单元以及配电单元布置于 PEU 壳体上层，如图 4-5 所示。

PTC 控制器工作原理：调节空调控制器上的温度调节旋钮至制热状态，开启空调制热

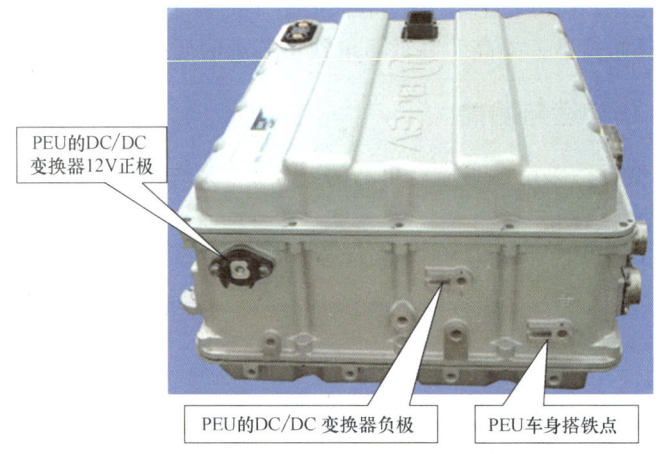

图 4-4 PEU 模块外部侧面 2 结构

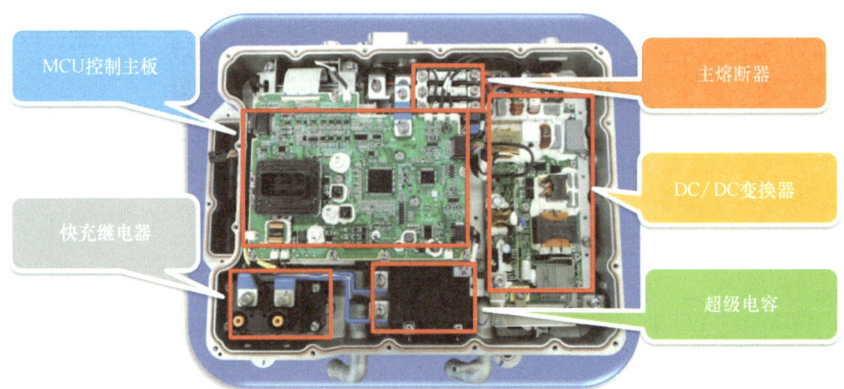

图 4-5 PEU2.0 内部模块布局（壳体上层）

功能，空调控制器根据当前冷暖电机位置传感器反馈回来的位置信号（电压信号），调节冷暖，调节电机关闭冷风道、开启热风道。

OBC 布置于 PEU 下层，上下层采用双面冷却方式，中间是冷却液管道，如图 4-6 所示。

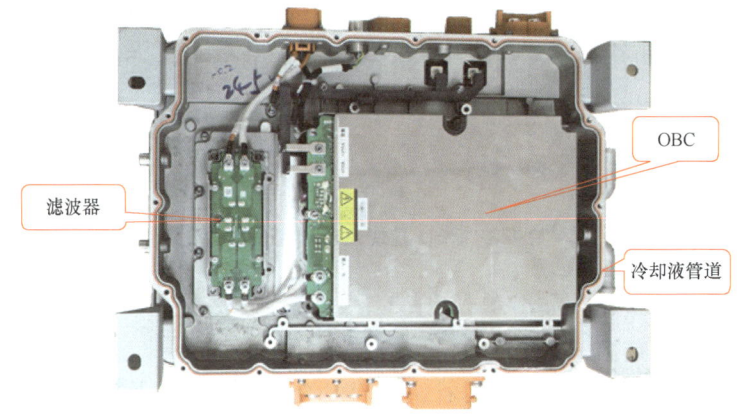

图 4-6 PEU2.0 内部模块布局（壳体下层）

OBC 工作原理：OBC 在慢充唤醒后，将充电桩的交流电转换成动力蓄电池需要的直流电，供动力蓄电池充电。OBC 额定功率为 6.6kW，最大输出效率不小于 96%。高配版车型配置双向充电模块 OBC，在满足整车慢充功能需求的前提下，车辆可对外放电，用于对其他车辆充电及对用电器负载供电。

【实训任务七】 PEU 拆装与识别

实训场地和器材

新能源汽车作业工位和举升机、PEU 总成、拆装工具。

作业准备

1）检查举升机。
2）PEU 总成和防护三件套等 5S 操作。

操作步骤

(1) 拆卸 PEU

1）先断开蓄电池负极电缆，然后排放冷却液，之后拆卸前机舱装饰板总成，最后脱开 DC/DC 变换器正极线束橡胶护套 1，如图 4-7 所示。

2）首先旋出固定螺栓，移开 DC/DC 变换器正极线束 1，然后旋出固定螺栓，移开 DC/DC 变换器负极线束 2、3，如图 4-8 所示。

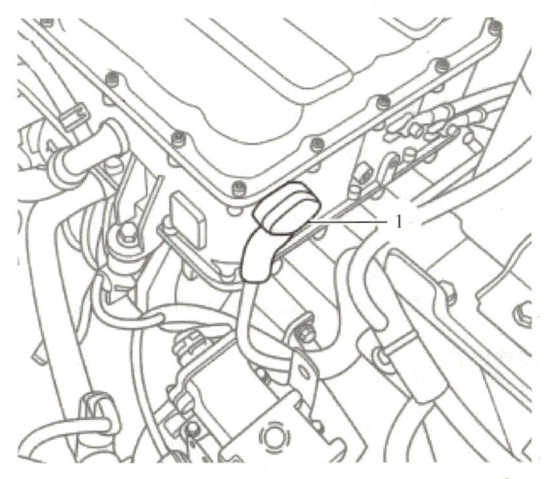

图 4-7　正极线束橡胶护套

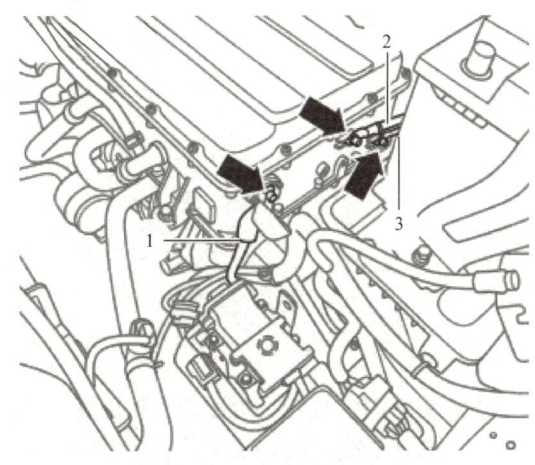

图 4-8　DC/DC 变换器正负极线束

3）先松开卡箍 A，脱开 PEU 进水管 1，然后松开卡箍 B，脱开通气管 2，最后松开卡箍 C，脱开 PEU 回水管 3，如图 4-9 所示。

4）解锁后，依次断开低压连接插头 A，旋出快充线束高压插头固定螺栓 B，移开快充线束 1。旋出通气管支架固定螺栓 C，移开通气管 2。旋出线束支架固定螺栓 D，脱开 PEU 低压线束支架固定螺栓 E，断开压缩机高压线束连接插头 F，断开锂离子动力蓄电池系统正

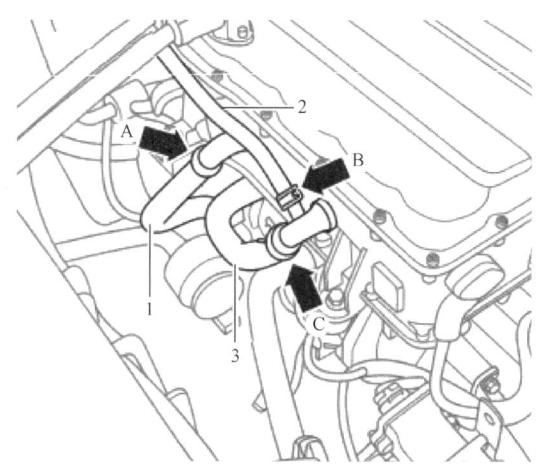

图 4-9　PEU 通气及进水管和回水管

负极连接插头 G，断开冷却液加热器连接插头 H，断开慢充线束连接插头 I，如图 4-10 所示。

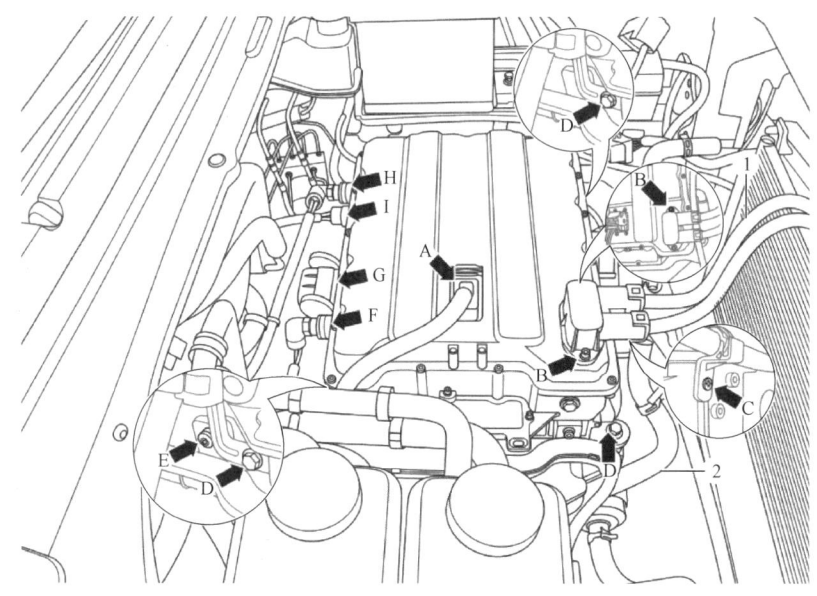

图 4-10　各螺栓位置

5）旋出固定螺栓，取下 UVW 盖板 1，如图 4-11 所示。

6）断开旋变连接插头 A，旋出 UVW 线束固定螺栓 B，如图 4-12 所示。

7）旋出固定螺栓，拆下 PEU 总成 1，如图 4-13 所示。

（2）安装 PEU

安装以倒序进行，同时注意下列事项：

1）PEU 总成更换后，起动/停止按键置于 RUN（运行）状态，进行 PEU 总成配置，具体配置项目参照诊断仪提示进行操作。

2）连接诊断仪进行检测。

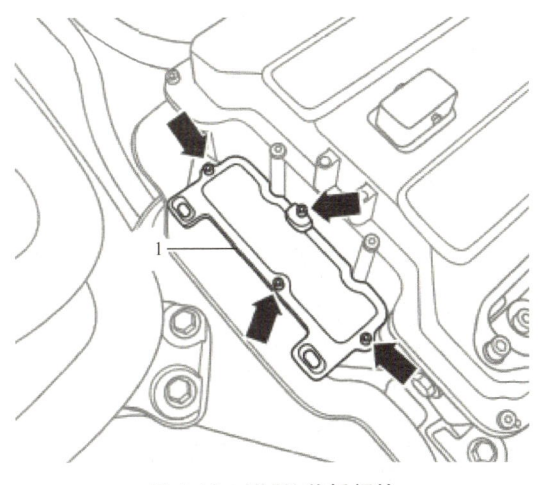
图 4-11　UVW 盖板螺栓

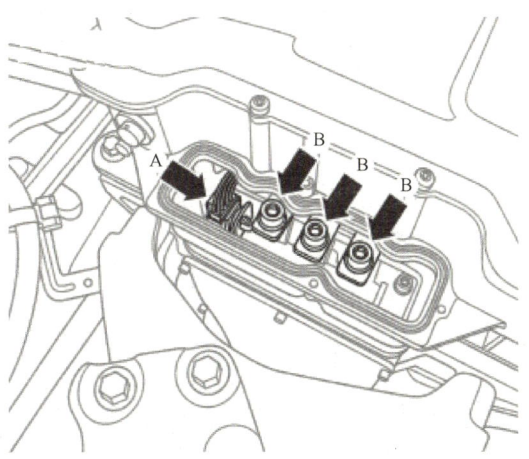
图 4-12　旋变连接插头和 UVW 线束固定螺栓位置

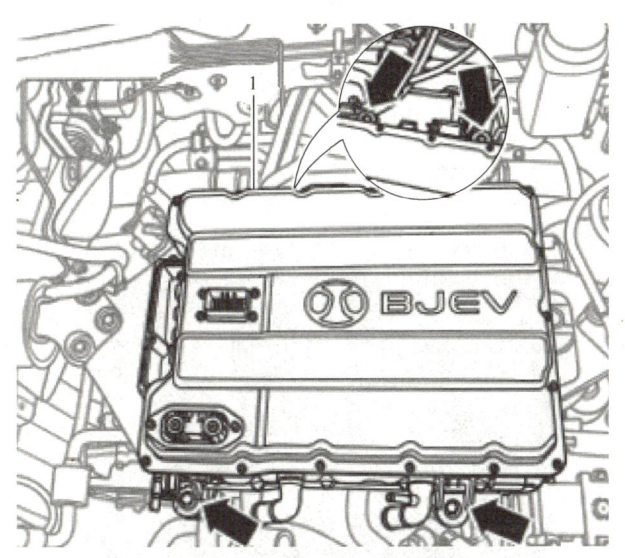
图 4-13　PEU 总成布置

竣工检验

整理、恢复作业场地。

实训任务总结

扫一扫

实训任务七
习题

PEU 拆装与识别	工作任务单	班级：
		姓名：

1. 车辆信息记录

品牌		整车型号		生产年月	
驱动电机型号		动力蓄电池电量		行驶里程	
车辆识别码					

2. 作业场地准备

检查设置隔离栏	□是 □否
检查设置安全警示牌	□是 □否
检查灭火器压力及有效期	□是 □否
安装车辆挡块	□是 □否

3. 记录拆装过程

4. PEU 识别：将拆下的 PEU 端盖打开，识别内部主要模块，并将模块名称填入对应的文本框中。
滤波器/OBC/MCU/DC/DC 变换器/PTC 控制器/MCU 电容

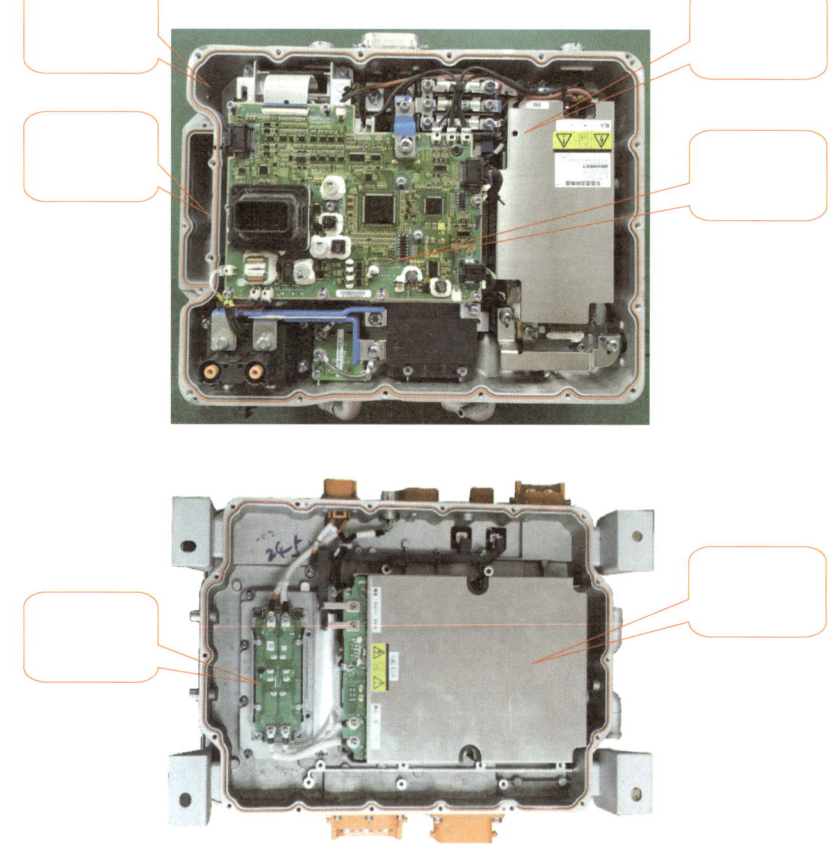

098

PEU 拆装与识别				实习日期：	
姓名：		班级：		学号：	导师签名：
自评：□熟练□不熟练		互评：□熟练□不熟练		师评：□合格□不合格	
日期：		日期：		日期：	

PEU 拆装与识别【评分细则】

序号	评分项	得分条件	分值	评分要求	自评	互评	师评
1	安全/5S/态度	□1. 能进行工位 5S 操作 □2. 能进行设备和工具安全检查 □3. 能进行车辆安全防护操作 □4. 能进行工具清洁、校准、存放操作 □5. 能进行"三不落地"操作	15	未完成1项扣3分	□熟练 □不熟练	□熟练 □不熟练	□合格 □不合格
2	专业技能	□1. 能正确拆卸 PEU 及附件 □2. 能对 PEU 各个部件进行正确指认 □3. 能正确安装 PEU 及附件	50	未完成1项扣20分，扣分不得超过50分	□熟练 □不熟练	□熟练 □不熟练	□合格 □不合格
3	工具及设备的使用能力	□1. 能够正确举升车辆 □2. 能正确使用拆装工具	10	未完成1项扣5分	□熟练 □不熟练	□熟练 □不熟练	□合格 □不合格
4	资料信息的查询能力	□1. 能正确查询线束插接器端子含义 □2. 能正确使用维修手册查询资料 □3. 能正确记录查询资料章节及页码 □4. 能正确记录所需维修信息	15	未完成1项扣4分，扣分不得超过15分	□熟练 □不熟练	□熟练 □不熟练	□合格 □不合格
5	表单填写、报告撰写能力	□1. 字迹清晰 □2. 语句通顺 □3. 无错别字 □4. 无涂改 □5. 无抄袭	10	未完成1项扣2分	□熟练 □不熟练	□熟练 □不熟练	□合格 □不合格

总分：

任务二　高压电控系统原理认知

【学习目标】

知识目标：
1) 理解新能源汽车高压电控系统的功能。
2) 理解新能源汽车高压电控系统的原理。

技能目标：
1) 能够对车辆唤醒信号进行测量。
2) 能够对高压上下电控制信号进行测量分析。
3) 能够对温度控制信号进行测量分析。
4) 能够对12V充电控制进行分析。

素质目标：
1) 操作过程中互相学习，团队合作，探索新鲜事物。
2) 通过对高压电控系统的探索，从认知原理到掌握数据分析，提高自己的知识水平和实操能力。

【任务描述】

小张来到汽车维修厂实习，一位新能源汽车车主询问他此车的动力蓄电池是如何进行温度控制的，他不知道如何回答，你能告诉他吗？

【相关知识】

一、唤醒控制

整车上下电流程由整车控制器控制，整车控制器唤醒方式有四种，唤醒之后的控制过程近似。电源正常的条件下属于待机状态，该状态下接收到唤醒信号，控制器进入工作状态，唤醒信号分为如下四种。

1. ON 档唤醒（行车模式）

ON 档唤醒：当起动开关或钥匙打到 ON 档，IGON（起动开关状态 IG-on）继电器将会闭合，12V 蓄电池的电会通过控制线输入各个控制器的唤醒端子，从而将各个控制器唤醒（除了车载充电器）。其控制电路如图 4-14 所示。

2. 快充唤醒（快充模式）

快充唤醒是当直流快充桩上的充电插头插入车辆上的快充插座后，快充插座会输出 12V 唤醒信号将 BMS 唤醒。BMS 被快充插座唤醒后，与快充桩进行握手交互，交互完成后，BMS 输出 12V 唤醒信号将 VCU、MCU 等其他控制器唤醒，以使整车达到可以充电的状态。快充唤醒控制电路如图 4-15 所示。

3. 慢充唤醒（慢充模式）

慢充唤醒是指当交流慢充桩上的充电插头插入车辆上的慢充插座后，慢充桩会与车载充

项目四 高压电控系统结构、原理与检修

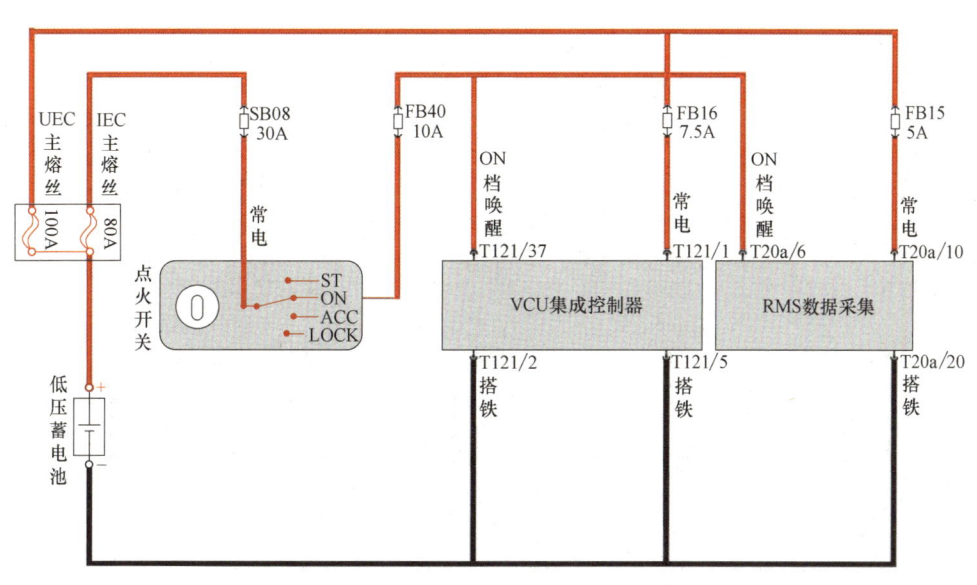

图 4-14 ON 档唤醒控制电路

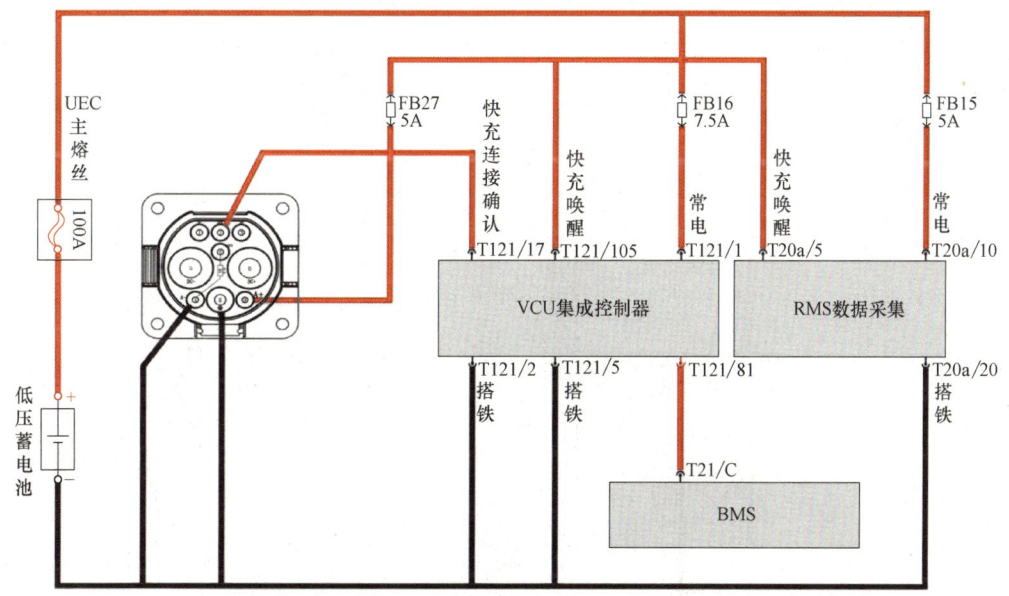

图 4-15 快充唤醒控制电路

电器进行握手交互,交互完成后,车载充电器会输出 12V 唤醒信号将 BMS 唤醒。其控制电路如图 4-16 所示。

4. **远程唤醒**(远程控制模式)

以远程控制快充为例,当直流快充桩上的充电插头插入车辆上的快充插座后,通过手机 App 操作充电开始/关闭,远程控制模块(Remote Monitoring System,RMS)接收信号后,将

101

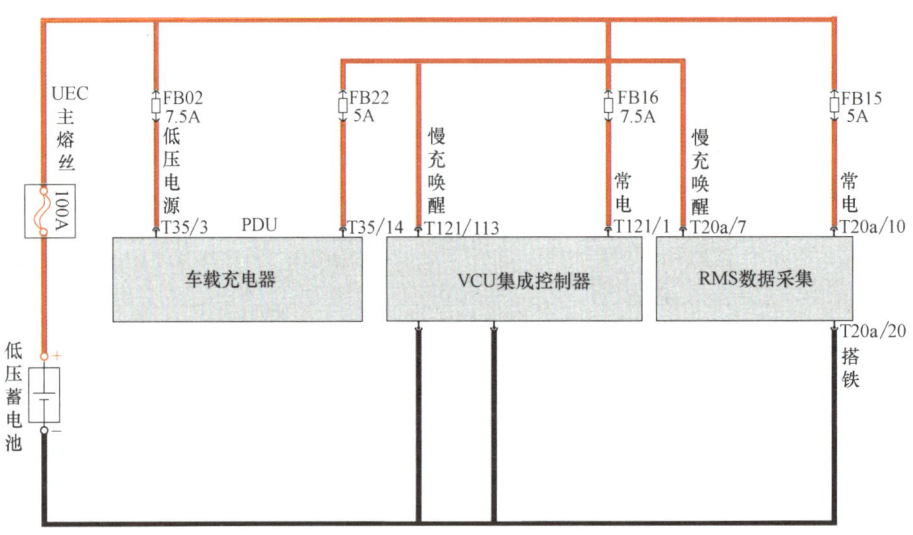

图 4-16　慢充唤醒控制电路

VCU 唤醒，VCU 唤醒 BMS 与之交换信息。BMS 与快充桩进行握手交互，交互完成后，BMS 输出 12V 唤醒信号将 MCU 等其他控制器唤醒，以使整车达到可以充电的状态。其控制电路如图 4-17 所示。

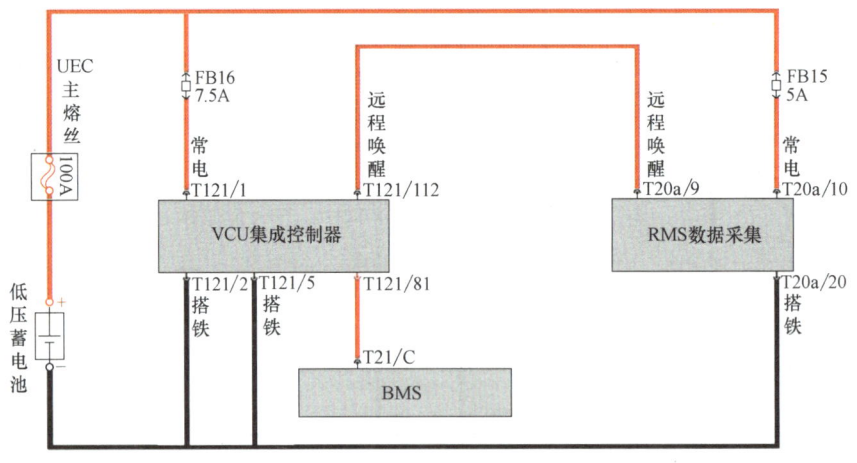

图 4-17　远程唤醒控制电路

二、高压上下电控制

高压上下电控制是指根据驾驶人对行车钥匙开关的控制，进行动力蓄电池的高压接触器开关控制，以完成高压设备的电源通断和预充电控制。

上下电流程处理：协调各相关部件的上电与下电流程，包括电机控制器、动力蓄电池管理系统等部件的供电，预充电继电器、主继电器的吸合和断开时间等。

1. 动力蓄电池低压上电策略

低压上电策略明确 BMS 低压上电条件及第一帧报文、初始化及 CAN 数据发送要求。低压上电流程如图 4-18 所示。

1）上电之前 BMS 处于休眠状态，BMS 始终检测"ON"（起动开关信号 On）或"CHG"（Charge 信号）使能信号是否存在。

2）当使能信号（"ON"或"CHG"）出现后，BMC 开始为 BMS 从控系统供电并进行自检，读取 EEPROM 存储器中的存储信息。

3）BMS 的初始化完成时间（状态置位）必须控制在 300ms 之内（$t<300ms$）。

4）300ms 之内 CAN 模块唤醒之后的所有信息必须按照规定的初始值上报，300ms 之后（含）除从板检测的单体蓄电池电压和温度数据之外，BMS 上报的其他所有信息必须满足通信协议要求，上报有效值（实测值），1200ms 之内单体蓄电池电压、温度以及依据单体蓄电池电压和温度计算得到的数据（比如当前最大允许充/放电电流）也必须上报有效值。

2. 动力蓄电池低压下电策略

低压下电策略明确低压下电条件、下电时数据存储要求以及低压下电时间要求。低压下电策略具体流程如图 4-19 所示。

1）BMS 上电状态下 BMS 始终检测"ON"或"CHG"使能信号状态，如果使能信号消失（"ON"使能或"CHG"使能信号一个都没有），BMS 开始计时，并进行低压下电步骤。

2）BMS 存储指定变量到 EEPROM，主要变量包括可用容量、SOC 等。

3）计时开始后 1000ms 之内（$t<1000ms$）BMS 进入休眠状态。"ON"和"CHG"信号同时存在时，按照整车模式判断策略判定整车模式，后续时段其中一个消失时不进行低压下电。

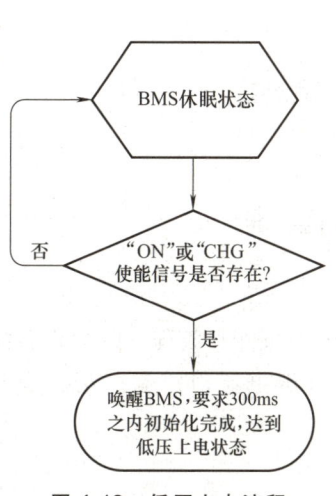

图 4-18　低压上电流程

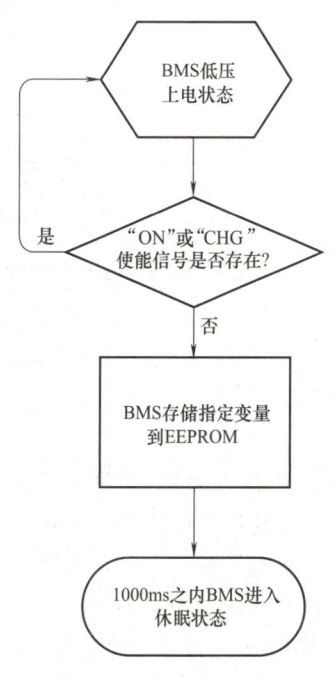

图 4-19　低压下电流程

3. 动力蓄电池整车模式判断策略

整车模式判断策略明确 BMS 根据外部信号判断整车所处的工作模式，整车模式分为行车模式、车载充电模式、地面充电模式，具体判定流程如图 4-20 所示。

1）BMS 低压上电状态下，判断连接确认端子对地电压是否满足探测电压要求（5~7V，详见 GB/T 20234.3—2015《电动汽车传导充电用连接装置 第 3 部分：直流充电接口》），如果"是"，整车模式为"地面充电模式"；否则，进入步骤 2。

2）如图 4-20 所示，BMC 判断 EVBUS（Electric Vehicle BUS）上 0x61F 帧充电机充电指令是否为"01"（开始充电指令），如果"是"，整车模式为"车载充电模式"；否则，判定整车为行车模式。

0x650 报文的触发条件为 EVBUS 上出现 0x6D0 报文。0x61F 报文的触发条件为钥匙处于 ON 档时整车高压下电完成且充电唤醒电压大于 6V，或钥匙处于 OFF 档且充电唤醒电压大于 6V。若 0x650 报文被触发，但是 0x61F 未发送"开始充电指令"时，0x650 报文的充电请求发送"待机状态"，当 0x61F 发送"开始充电指令"之后，才开始进入车载充电流程或者地面充电流程。

BMS 识别进入地面充电模式或者 0x650 报文被触发之后，需要在 100ms 之内将 0x450 报文中的"动力蓄电池当前充电类型"上报到 EVBUS，以便 VCU 能够获得当前充电类型信息。

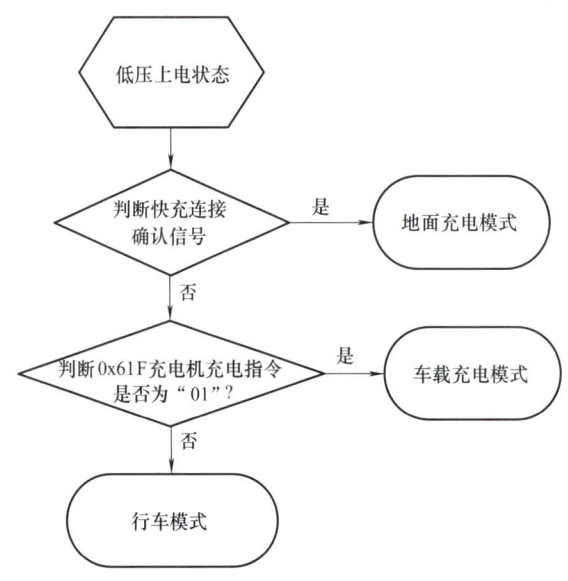

图 4-20 动力蓄电池整车模式判断策略

4. 行车模式动力蓄电池高压上电策略

行车模式高压上电策略主要说明行车模式下高压上电的条件和流程，除去指名需要进行逻辑判定的继电器状态之外，其他继电器的状态位要求在继电器动作指令发出后 100ms 之内完成正确置位，如图 4-21 所示。

5. 行车模式动力蓄电池高压下电策略

行车模式高压下电策略主要说明在 BMS 判定整车处于行车状态之后的高压上电过程中

项目四　高压电控系统结构、原理与检修

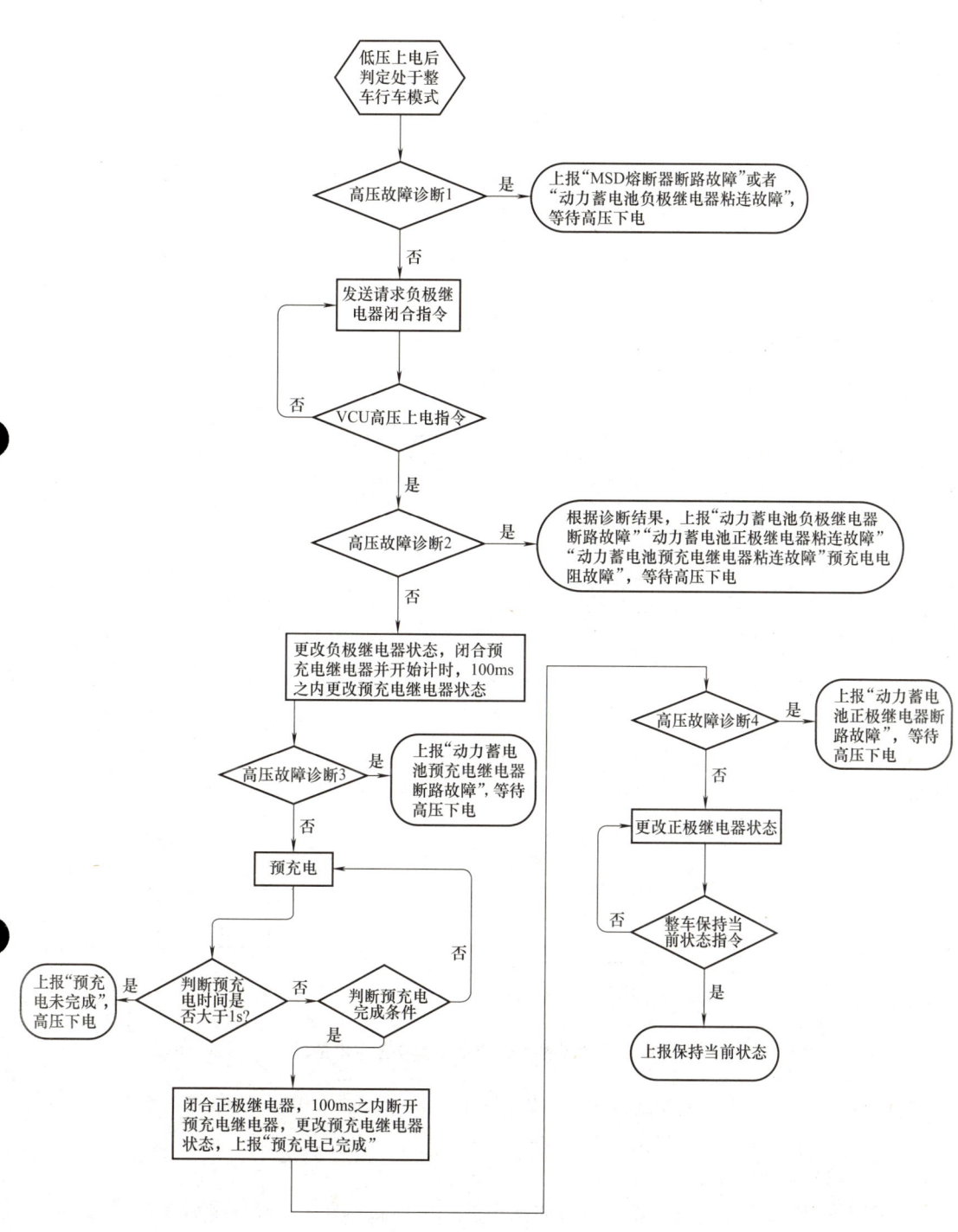

图 4-21　行车模式动力蓄电池高压上电策略

或者高压上电之后，动力蓄电池系统判定整车下电指令或者一级故障是否出现，从而执行高压下电过程的流程要求，如图 4-22 所示。

6. 车载充电模式高压上电策略

车载充电模式高压上电策略主要说明车载充电模式下高压上电的条件和流程，除去指名

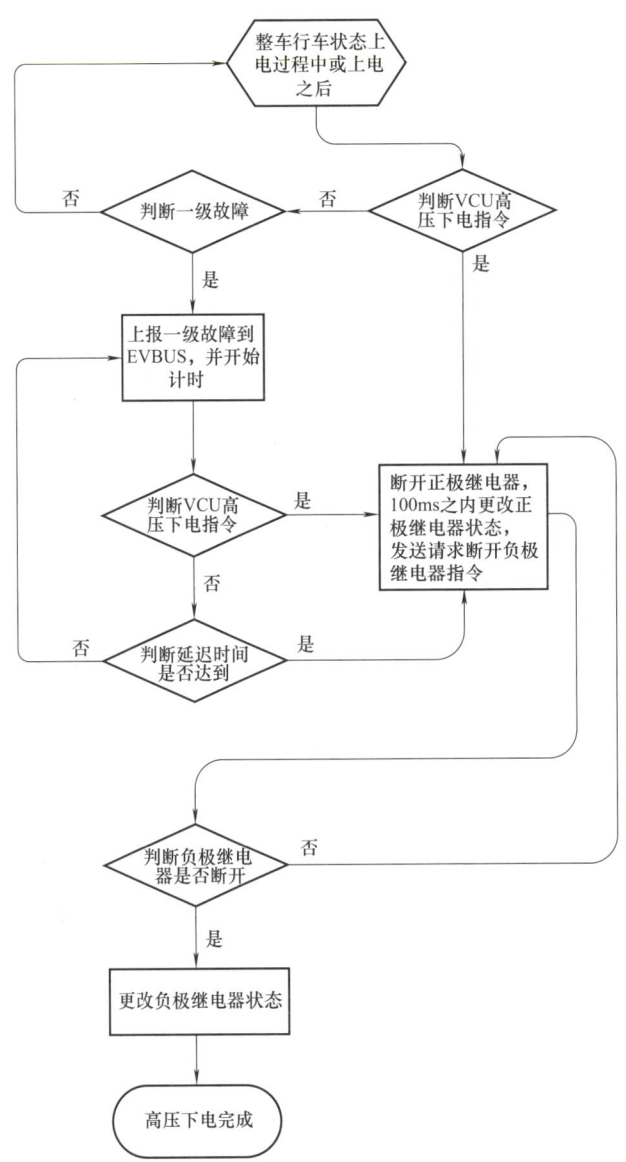

图 4-22 行车模式动力蓄电池高压下电策略

需要进行逻辑判定的继电器状态之外,其他继电器的状态位要求在继电器动作指令发出后 100ms 之内完成正确置位,如图 4-23 所示。

7. 车载充电模式高压下电策略

车载充电模式高压下电策略主要说明在车载充电模式高压上电过程中或者高压上电完成之后,BMS 判定整车下电指令或者一级故障是否出现,从而执行高压下电过程的流程要求,如图 4-24 所示。

8. 地面充电模式高压上电策略

地面充电模式高压上电策略主要说明地面充电模式下高压上电的条件和流程,除去指名需要进行逻辑判定的继电器状态之外,其他继电器的状态位要求在继电器动作指令发出后 100ms 之内完成正确置位,如图 4-25 所示。

项目四　高压电控系统结构、原理与检修

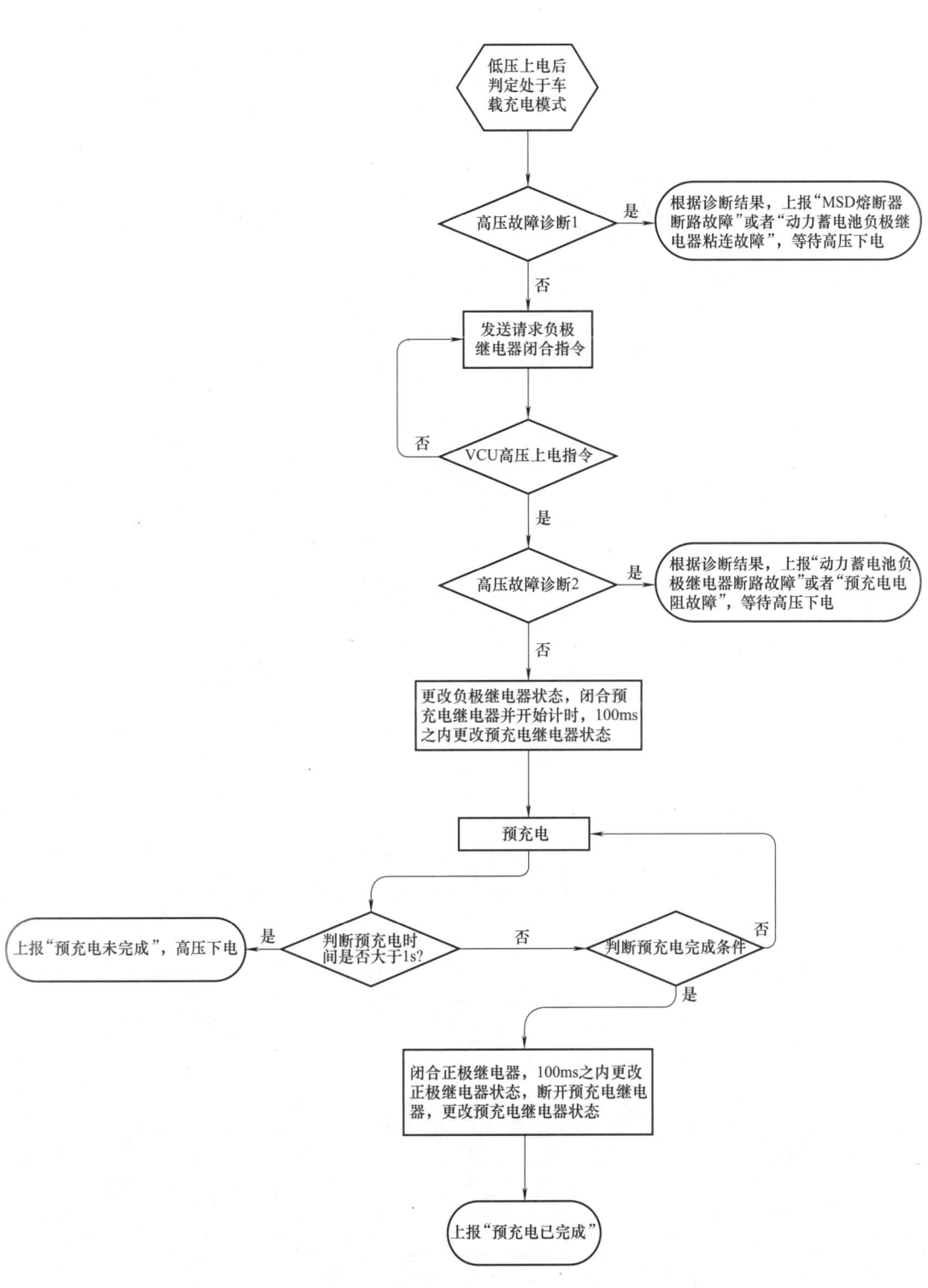

图 4-23　车载充电模式高压上电策略

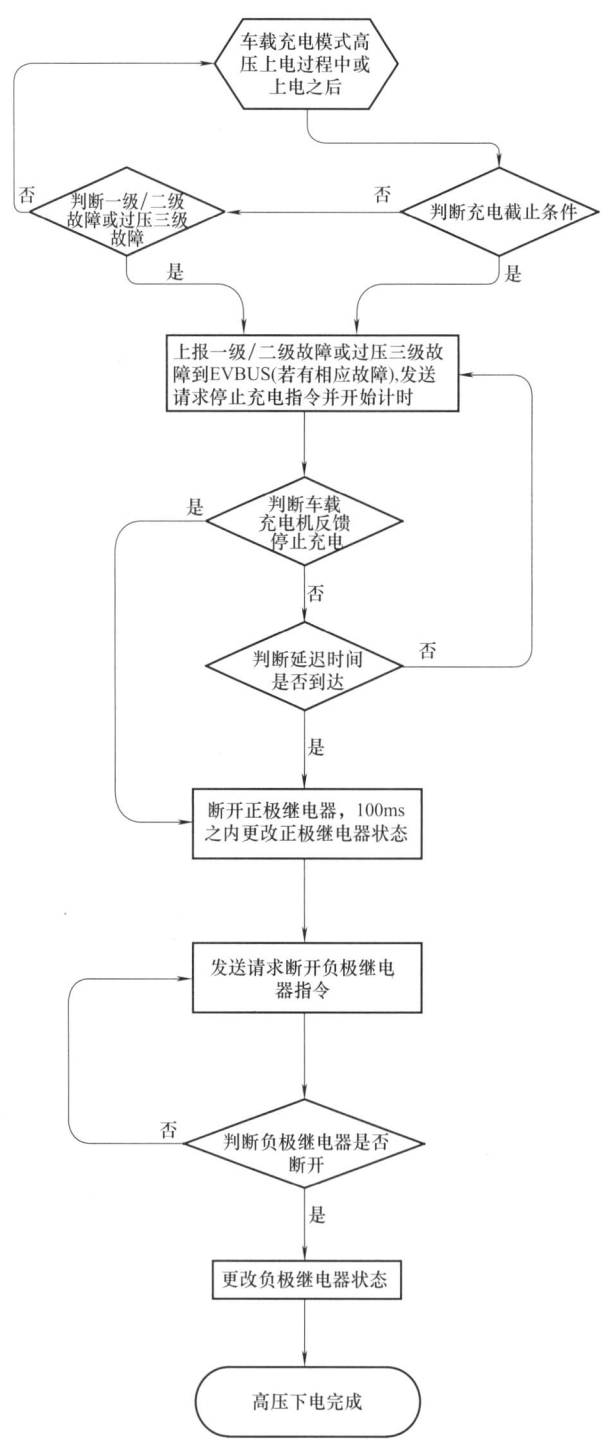

图 4-24 车载充电模式高压下电策略

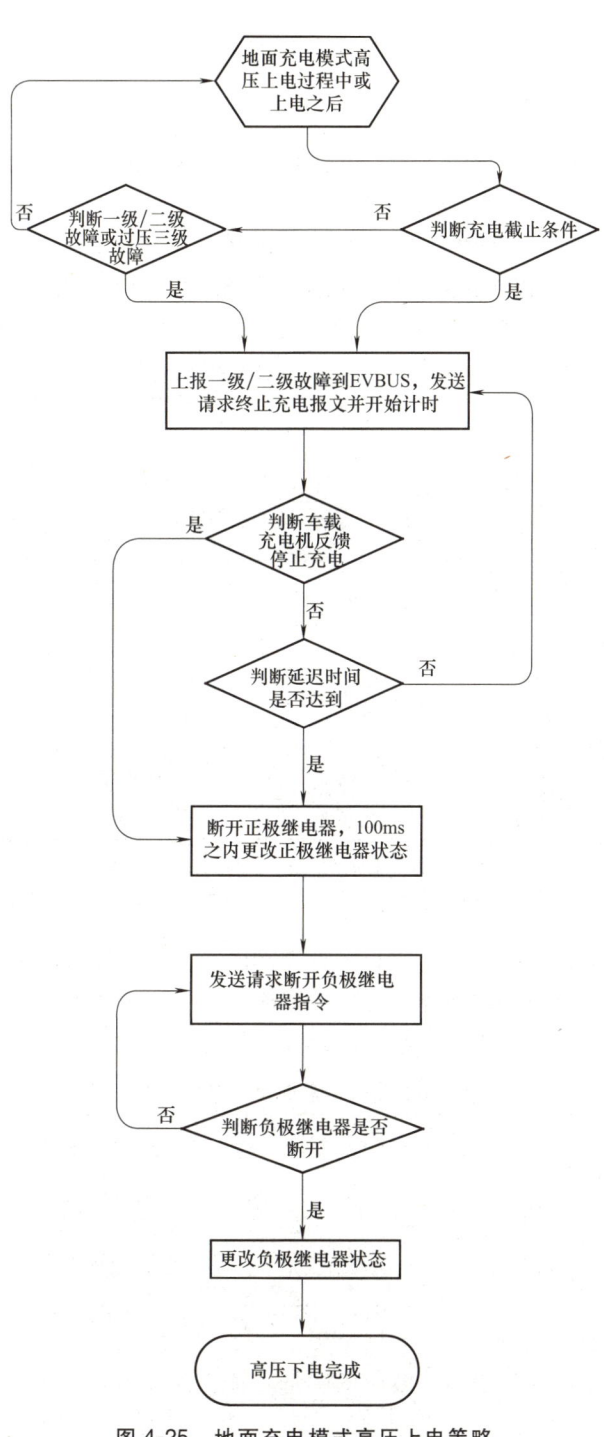

图 4-25 地面充电模式高压上电策略

三、动力蓄电池系统和驱动电机系统温度控制

1. 动力蓄电池系统温度控制

温度对动力蓄电池的影响不可小觑。温度不均匀,将影响动力蓄电池的安全、寿命、功

能、性能等;温度过高或过低,动力蓄电池都将可能出现热失控、寿命严重衰减、充放电限制等问题。

BMS会根据动力蓄电池组内温度分布信息及充放电需求,决定主动加热/散热的强度,使得动力蓄电池尽可能工作在最适合的温度,充分发挥动力蓄电池的性能。

(1) 温度采集

北京-EU5车型动力蓄电池中,将温度传感器安装在动力蓄电池包不同采集点处,如图4-26所示。当动力蓄电池包温度发生变化时,传感器感受到温度变化,其自身电阻值发生变化,且阻值随温度变化呈现唯一性,BMS控制器通过子板芯片采集到各温度点的传感器电阻值后,根据传感器规格书中提供的温度阻值对应矩阵表实现温度的查表计算。

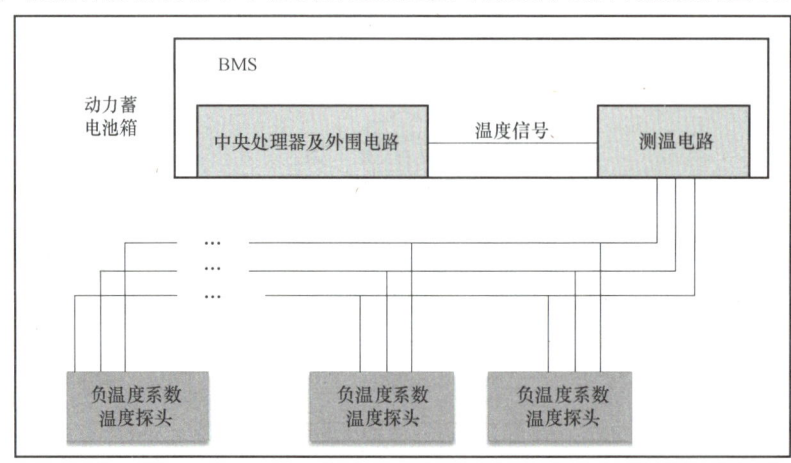

图4-26 动力蓄电池温度传感器工作示意图

(2) 温度控制

我们重点了解动力蓄电池的温度控制逻辑及特征,由于温度对动力蓄电池影响较大,因此,必须适时控制和调节温度,最终才可以发挥动力蓄电池工作的最大效能。热管理的最核心内容在于温度的一致性并提供动力蓄电池最合适的温度环境,见表4-1。

表4-1 动力蓄电池加热保温方案

方案	说明
加热功率	2630W
系统温度点布置	每个模块中心1个温度点
设计目标	环境温度-20℃,电芯温度-20℃,加热时间≤30min,动力蓄电池$T_{min} \geq 0℃$
快充加热触发条件	$T_{min} \leq 10℃$ 且 $T_{max}-T_{min} < 18℃$
快充加热停止条件	$T_{min} > 15℃$ 或 $T_{max}-T_{min} > 20℃$
慢充加热触发条件	$T_{min} \leq 5℃$ 且 $T_{max}-T_{min} < 18℃$

当动力蓄电池处于高温环境时,液冷机构将发挥作用,保证动力蓄电池工作温度正常,如图2-17所示。

动力蓄电池的冷却液温度控制回路中,存在一个冷源(蒸发箱)和一个热源(热交换器),通过控制热源和冷源来控制冷却液温度,从而将动力蓄电池的温度控制在最佳工作范围内,如图2-20所示。

2. 驱动电机系统温度控制

电动汽车驱动电机具有体积小、功率密度高等优点,但其损耗密度大、工作环境相对封闭、散热条件差。温度过高给电机的工作性能及可靠性带来诸多不良影响,因此,准确计算电机内各部件的损耗和温度场分布,设计合理的冷却系统,将电机运行温度控制在安全范围内具有重要意义。

在北京-EU5 车型上引入 CAN 调速可控冷却液泵总成（冷却液泵控制策略见表 4-2）,搭建精准控制的智能化冷却系统。根据智能化冷却系统的精准控制要求,在调速冷却液泵的基础上增加热管理控制器,使冷却液泵智能化,通过冷却液泵自身的热管理控制器采集冷却液温度等系统检测信号,通过 CAN 总线传输给 MCU 进行动力总成系统综合处理后,由 MCU 发出对应的指令驱动冷却液泵工作,同时发出对风扇相应的工作需求,由冷却液泵进行风扇调速计算处理,以实现风扇的精确调速控制（控制策略见表 4-3）,如图 4-27 所示。

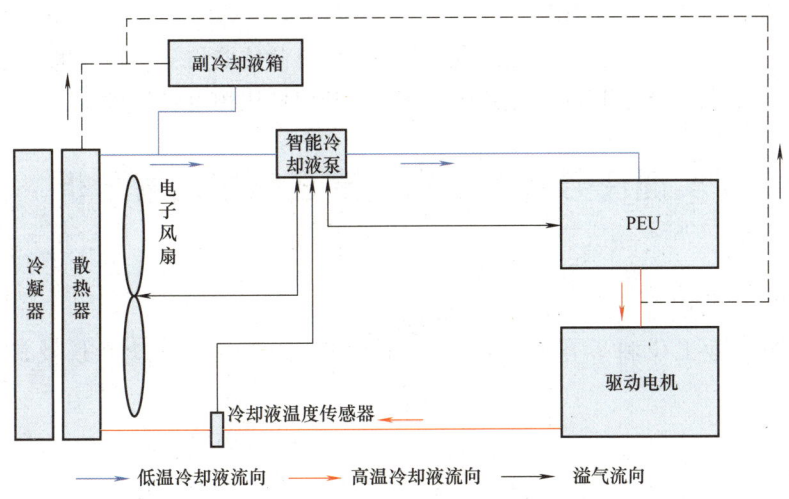

图 4-27　智能冷却系统架构原理

表 4-2　电机调速冷却液泵控制温度值

冷却液泵速比	充电机温度/℃		电机/℃		IGBT/℃		冷却液温度传感器/℃		DC/DC 变换器	
	ON	OFF	ON	OFF	ON	OFF	ON	OFF	ON	OFF
0.4	≥30	<27	≥50	<45	≥25	<20	≥45	<42	≥35	<32
0.6	≥35	<32	≥70	<65	≥35	<30	≥50	<47	≥40	<37
0.7	≥37	<35	≥80	<75	≥40	<35	≥52	<50	≥42	<40
0.8	≥40	<37	≥90	<85	≥45	<40	≥55	<52	≥45	<42
1	≥45	<42	≥120	<115	≥55	<50	≥60	<57	≥50	<47

表 4-3　定速风扇控制温度参数

风扇运行状态	充电机温度/℃		电机/℃		IGBT/℃		备注
	ON	OFF	ON	OFF	ON	OFF	
低速风扇	≥80	—	≥75	<70	≥55	<50	冷却液泵控制器实现风扇高低速控制
高速风扇	—	—	≥80	<75	≥65	<60	

四、12V 电网充电控制

纯电动汽车,顾名思义是以动力蓄电池组电能为动力的汽车,除了动力蓄电池组、电机、电机控制器等之外，全车电气与传统燃油汽车无明显区别。DC/DC 变换器就是将动力蓄电池组高电压转换为恒定 12V 或者 14V、24V 低电压，既能给全车电器供电，又能给辅助蓄电池充电的设备。DC/DC 变换器在纯电动汽车上的功能就相当于发电机和调节器在传统燃油汽车上的功能。电动汽车采用 DC/DC 变换器之后，可省去交流发电机。电动汽车的动力蓄电池容量很大，因此以动力蓄电池为电源，能够利用 DC/DC 变换器为低压蓄电池充电，从而可以省去原来的交流发电机。

新能源汽车，无论是强混、插电/增程式混合动力电动汽车，还是纯电动汽车，整个系统架构上都用 DC/DC 变换器来取代原有的发电机，用高压的电机直接驱动车辆。整个 12V 电气系统架构的改变，使得原有 12V 蓄电池的使用特性产生了改变，只作为一个辅助能量单元，而不需要提供瞬时的高功率。

在北京-EU5 车型上，DC/DC 变换器接到 BMS 发出的使能信号，在充电或起动车辆时利用高压直流电，变压后给低压蓄电池充电，同时给其他低压用电设备供电。

【实训任务八】 车辆高压电控信号分析

实训场地和器材

新能源汽车作业工位和举升机、新能源汽车整车、万用表、诊断仪及最新软件和硬件等。

作业准备

1）检查举升机。
2）新能源汽车整车和防护三件套等 5S 操作。

操作步骤

1）车辆入位，铺装好三件套。
2）将诊断仪和车辆连接，输入车辆信息。
3）分别对唤醒信号、高压上下电控制信号进行测量并对测量结果进行分析。
4）竣工检验，整理、恢复作业场地。

实训任务总结

_____
_____
_____
_____
_____
_____
_____
_____

车辆高压电控信号分析		工作任务单	班级：	
			姓名：	

1. 车辆信息记录

品牌		整车型号		生产年月	
驱动电机型号		动力蓄电池电量		行驶里程	
车辆识别码					

2. 作业场地准备

检查设置隔离栏	□是 □否
检查设置安全警示牌	□是 □否
检查灭火器压力及有效期	□是 □否
安装车辆挡块	□是 □否

3. 记录信号检测数据并做分析

扫一扫 实训任务八习题

车辆高压电控信号分析		实习日期：	
姓名：	班级：	学号：	导师签名：
自评：□熟练□不熟练	互评：□熟练□不熟练	师评：□合格□不合格	
日期：	日期：	日期：	

车辆高压电控信号分析【评分细则】

序号	评分项	得分条件	分值	评分要求	自评	互评	师评
1	安全/5S/态度	□1. 能进行工位 5S 操作 □2. 能进行设备和工具安全检查 □3. 能进行车辆安全防护操作 □4. 能进行工具清洁、校准、存放操作 □5. 能进行"三不落地"操作	15	未完成1项扣3分	□熟练 □不熟练	□熟练 □不熟练	□合格 □不合格
2	专业技能	□1. 能正确连接诊断仪 □2. 能对唤醒信号进行分析 □3. 能对高压上下电控制信号进行分析 □4. 能对温度控制信号进行分析	50	未完成1项扣13分，扣分不得超过50分	□熟练 □不熟练	□熟练 □不熟练	□合格 □不合格
3	工具及设备的使用能力	□1. 能够正确举升车辆 □2. 能正确使用诊断仪	10	未完成1项扣5分	□熟练 □不熟练	□熟练 □不熟练	□合格 □不合格
4	资料信息查询能力	□1. 能正确查询线束插接器端子的含义 □2. 能正确使用维修手册查询资料 □3. 能正确记录查询资料章节及页码 □4. 能正确记录所需维修信息	15	未完成1项扣4分，扣分不得超过15分	□熟练 □不熟练	□熟练 □不熟练	□合格 □不合格
5	表单填写、报告撰写能力	□1. 字迹清晰 □2. 语句通顺 □3. 无错别字 □4. 无涂改 □5. 无抄袭	10	未完成1项扣2分	□熟练 □不熟练	□熟练 □不熟练	□合格 □不合格

总分：

任务三　高压电控系统检修

【学习目标】

知识目标：
1) 理解新能源汽车高压电控系统常规检测流程。
2) 掌握新能源汽车高压电控系统数据采集方法。

技能目标：
1) 能够对新能源汽车进行电控系统常规检测。
2) 能够对新能源汽车故障码进行分析。

素质目标：
1) 在操作过程中互相学习，团队合作，总结检测工作的要领。
2) 通过对高压电控系统检修案例的分析，学会综合运用已有知识，提高自己的知识水平和实操能力。

【任务描述】

魏来刚参加工作，一位老员工让他读一下一辆新能源汽车的故障码，但他不知道如何操作，你能帮助他吗？

【相关知识】

一、高压电控系统数据采集及分析

在电动汽车上，高压电控系统有 MCU、高压控制盒、DC/DC 变换器、OBC、高压线束等。在这些部件产生故障后，我们要根据故障码（DTC）去分析和检测。故障码的读取需要故障诊断仪。

汽车电控系统诊断仪用于对应车型的故障诊断，也称解码器、故障扫描仪等。不同车型采用的诊断仪器也不同。诊断仪器应能与被检测车辆的控制模块（俗称车载电脑）通信。

下面以北汽新能源为例，介绍高压电控系统数据采集及分析方法。北汽新能源汽车采用 BDS 故障诊断系统（BAIC BJEV Diagnostic System），BDS 是北汽新能源诊断工具，由诊断软件、诊断盒、数据线构成，可实现读取车辆各系统信息（如软件版本号等）、读取和删除故障码、读取数据流、动作测试、标定、自学习等功能。

将诊断软件安装在计算机的终端上，通过通信电缆（诊断盒子）与车载诊断系统（On-Board Diagnostics，OBD）诊断座连接，与车辆的控制模块通信进行故障诊断，如图 4-28 所示。BDS 诊断系统界面如图 4-29 所示。

扫一扫
高压电控系统数据流读取与分析

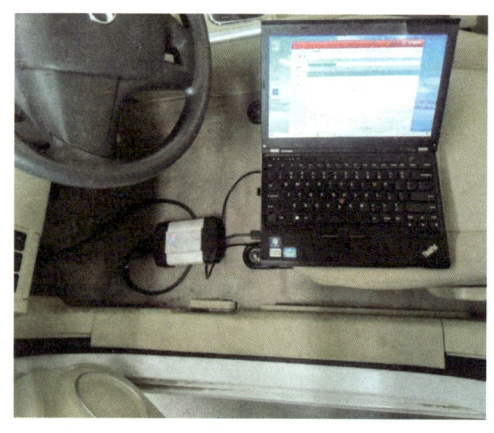

图 4-28 BDS 连接方式

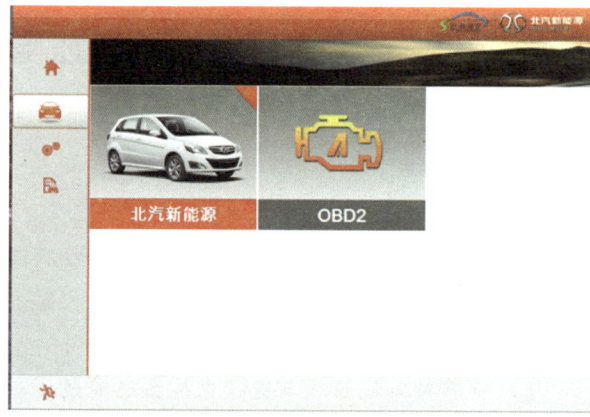

图 4-29 BDS 诊断系统界面

1. 软件运行环境

（1）硬件要求

笔记本式计算机或台式计算机、PAD（诊断电脑），系统盘空间不小于 5GB，内存不小于 1GB。

（2）操作系统

Windows XP SP3、Windows 7 或 Windows 8，暂不支持 Windows RT。

（3）网络要求

本软件需要在线激活和网络下载，务必保证连接互联网正常。

（4）安装条件

Windows 登录账户必须是管理员身份。

2. 软件下载与安装

在北汽指定的网址进行软件下载与软件安装。

安装完成后，计算机桌面会出现两个应用程序图标，分别是 BDS 诊断程序和 BDS 硬件驱动程序，如图 4-30 所示。BDS 硬件驱动程序成功安装。操作系统如无法连接诊断盒，需在安装结束后重新安装诊断盒驱动（如使用驱动精灵等软件）。

运行 BDS 诊断程序，进入 BDS 诊断系统启动界面。

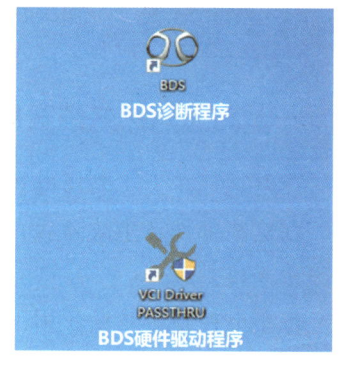

图 4-30 应用程序图标

在启动界面左侧有五个功能图标，这些功能图标的功能见表 4-4。

表 4-4 BDS 诊断程序功能说明

功能图标	功能介绍	功能描述
🏠	主界面	BDS 汽车无线诊断系统主界面，介绍和描述产品性能和品牌
🚗	汽车智能诊断系统	汽车无线诊断系统的核心功能，它提供了简易而专业的汽车综合诊断功能，包括读 ECU 信息、故障码分析、数据流分析、数据流冻结帧、元件执行、计算机编程、匹配、设定和防盗等功能

（续）

功能图标	功能介绍	功能描述
	系统设定	汽车无线诊断系统的系统设定功能，它提供多种功能操作模式，连接方式，米制、英制单位切换和语言选择等功能，从而丰富用户体验
	软件管理	产品软件管理，用于识别汽车诊断软件的版本信息，以便客户升级软件；用于客户管理汽车诊断车型软件；用于注册客户信息，以加强客户的安全性，以及客户打印测试报告时显示客户信息
	系统退出	安全退出 BDS 系统

3. 产品激活与注册

第一次使用 BDS 无线诊断系统时，必须填写完整的客户信息，以便记录客户基本信息，加强客户与厂家的联系，以及时共享厂家资源，增加客户对产品的使用安全，方便客户投诉和反馈建议，从而达成客户满意度。如图 4-31 所示，产品未注册时，BDS 系统中不包括车型软件，客户需先激活产品，即可以下载相关软件。

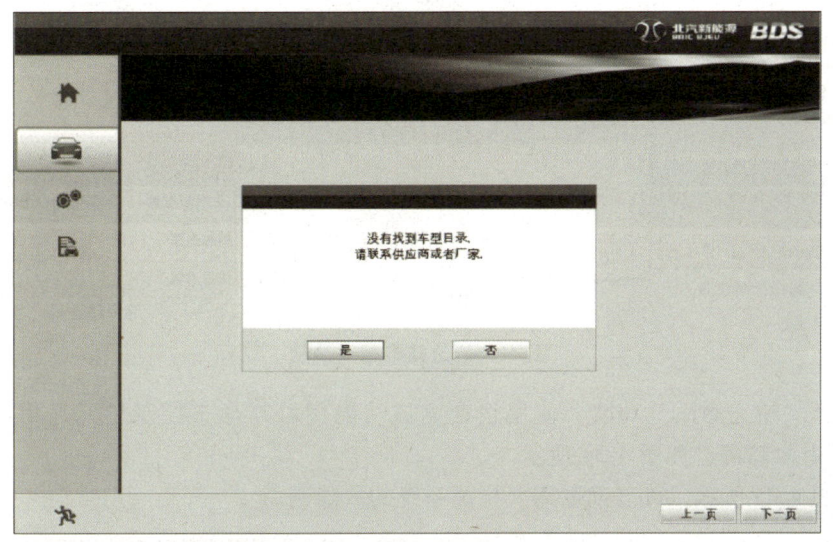

图 4-31　BDS 注册界面

在激活产品或进行软件升级时，都是采用 USB 模式，因此，需确定 USB 连接和网络是否正常。激活操作请根据计算机提示进行。

4. 软件升级

进行软件升级时，需采用 USB 模式，因此，需确定 USB 连接和网络是否正常。升级操作应根据计算机提示进行。

5. 车型诊断操作

将诊断盒连接到汽车的 OBD 诊断座，连接完成后，电源指示灯会亮。固定的 SSID 为 UCANDAS，如果 WiFi 自动连接没有成功，手动设置 WiFi 连接到 UCANDAS，WiFi 连接成功后，无线图标会点亮，如图 4-32 所示。

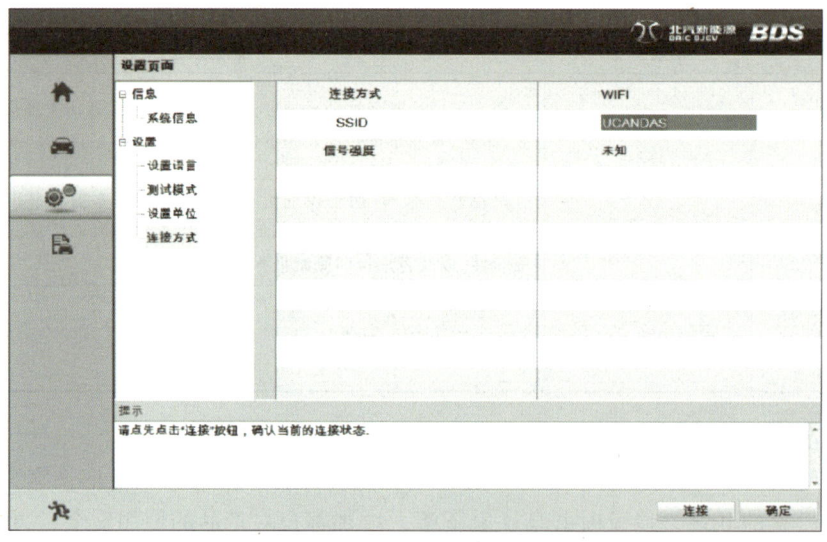

图 4-32　BDS 连接界面

1）选择需要的车型图标，单击软件版本，进入对应车型诊断程序，如图 4-33 所示。

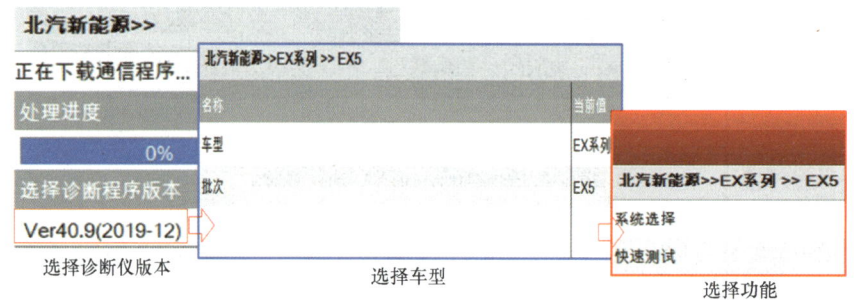

图 4-33　选择车型及功能

2）选择"快速测试"功能，使用快速测试功能可以与全车控制单元通信，并可以读取、清除所有故障码，如图 4-34 所示。

3）如图 4-35 所示，可以读取需要检测系统的故障码。

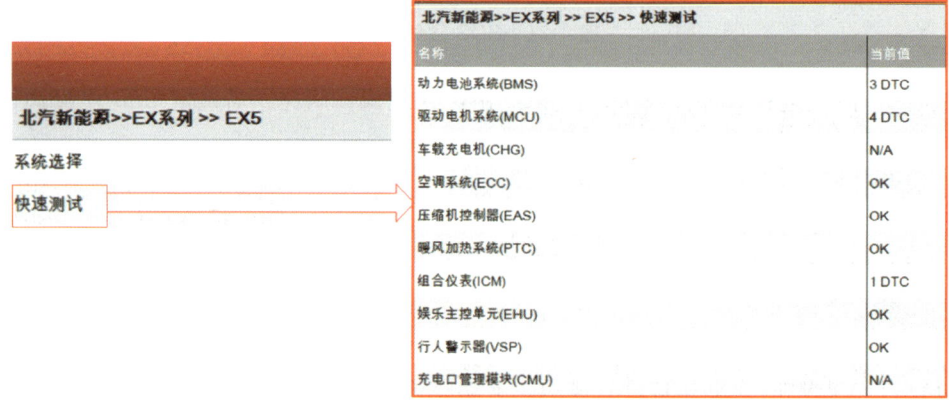

图 4-34　快速测试功能界面

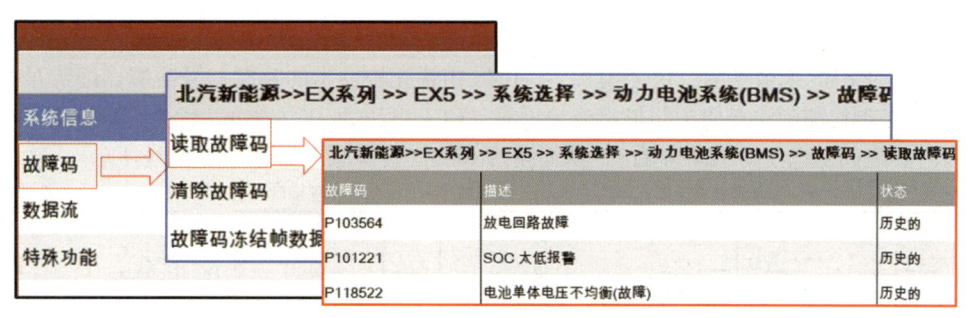

图 4-35 读取与清除故障码界面

4）根据选择的系统，进行需要的功能选择，读取故障码或数据流。

以上就是使用 BDS 对车辆电控系统进行数据采集的方法。对采集的故障码该如何分析和进一步处理，参照本任务的实操环节。

二、高压电控系统故障案例解析

在电动汽车出现故障时，我们要采用相应的检修方法排除故障。我们将针对几个典型案例来掌握高压电控系统的数据采集和分析方法。

1. 低压唤醒失败故障检修方法

对于电动汽车而言，充电和行车过程中都需要唤醒 BMS 以及 MCU 才能完成相应的功能，下面将对快充、慢充以及行车功能中的低压唤醒失败故障排查做相应的介绍。

(1) 低压唤醒原理

充电和行车功能都需要首先唤醒 BMS、MCU 等控制器，整车低压唤醒原理如图 4-36 所示。

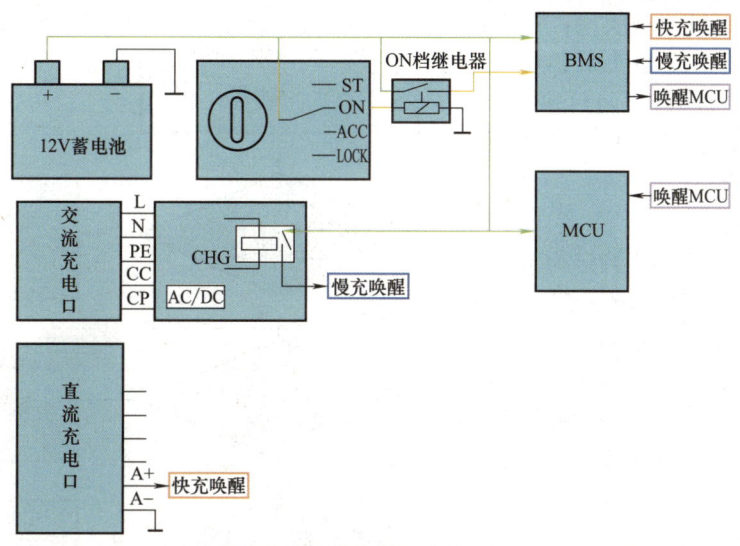

图 4-36 整车低压唤醒原理

根据该原理图可知，BMS 以及 MCU 都需要 12V 蓄电池供电，对于 BMS 有三种唤醒方式：快充唤醒、慢充唤醒以及 ON 档唤醒，MCU 是由 BMS 唤醒的。

(2) 低压唤醒失败故障检修

整车低压唤醒失败主要有 BMS 未被唤醒以及 MCU 未被唤醒两类，下面将从这两个方面做相应的介绍。

1）BMS 未被唤醒。

① 快充时 BMS 未被唤醒：快充模式下，BMS 由快充桩输出的唤醒信号唤醒，即给车插上快充插头后，桩端检测到快充插头与桩端连接可靠（CC1 电压为 4V 左右），就会给车端输出唤醒信号（A+、A- 之间的电压为 12V 左右），从而唤醒 BMS。具体原理如图 4-37 红线所示。

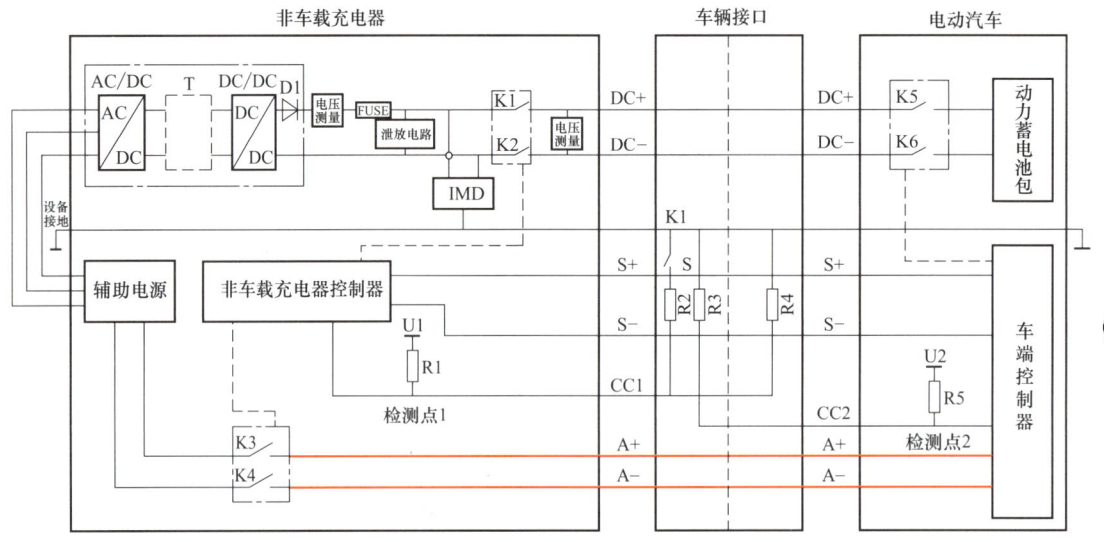

图 4-37 快充唤醒原理

当快充出现故障，采集 FCBUS 无报文时，可初步判定为 BMS 未被唤醒。根据 BMS 唤醒所需的条件，BMS 未被唤醒的排查内容以及排查流程如图 4-38 所示。

② 慢充时 BMS 未被唤醒：慢充模式下，BMS 由车载充电器（OBC）输出的唤醒信号唤醒，即给车插上慢充插头后，OBC 检测 CC 信号就会被唤醒，随后输出 12V 唤醒信号，从而唤醒 BMS。具体原理如图 4-39 红线所示。

当慢充出现故障时，采集 EVBUS，BMS 无报文发出，可初步判定为 BMS 未被唤醒。根据 BMS 被唤醒所需的条件，排查内容以及排查流程如图 4-40 所示。

③ 行车时 BMS 未被唤醒：行车模式下，BMS 由 ON 档输出的唤醒信号唤醒，即将车钥匙拧到 ON 档后，随后输出 ON 档唤醒信号给 BMS（高电平有效），从而唤醒 BMS。

行车过程中，将车钥匙拧到 ON 档后，采集 EVBUS，BMS 无报文发出，可初步判定为 BMS 未被唤醒。根据 BMS 被唤醒所需的条件，BMS 未被唤醒的排查内容以及排查流程如图 4-41 所示。

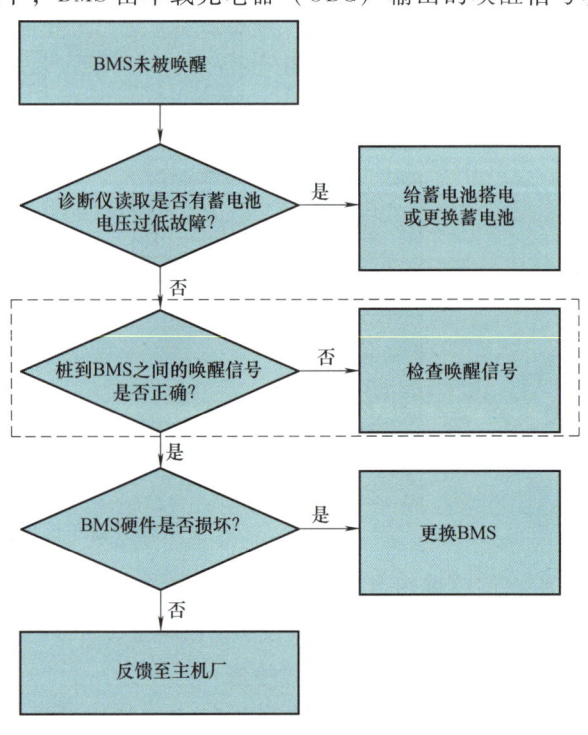

图 4-38 快充 BMS 未被唤醒排查流程

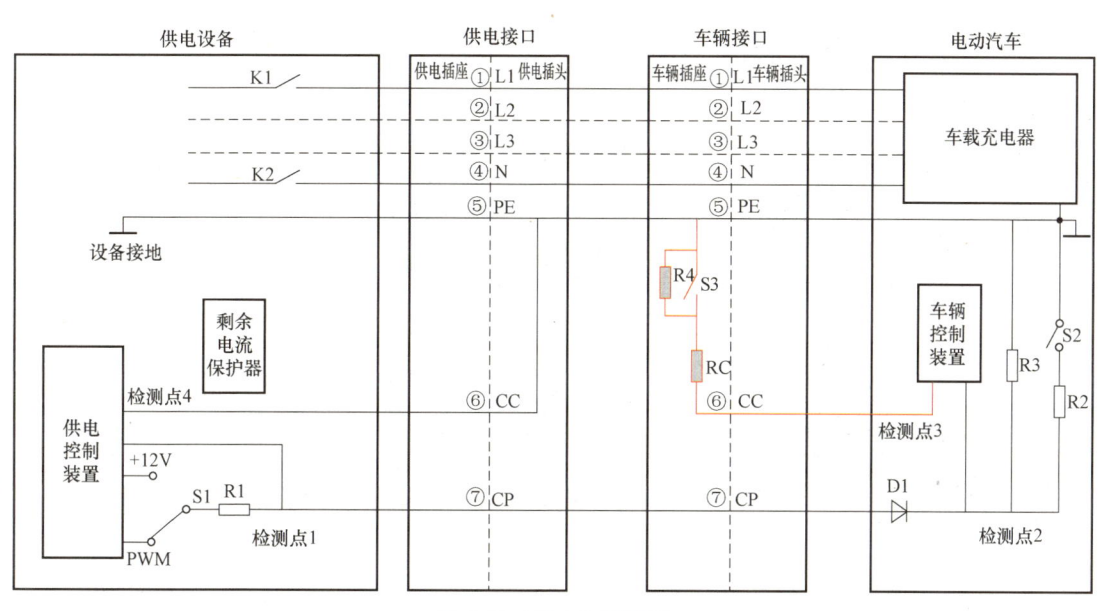

图 4-39 慢充唤醒原理

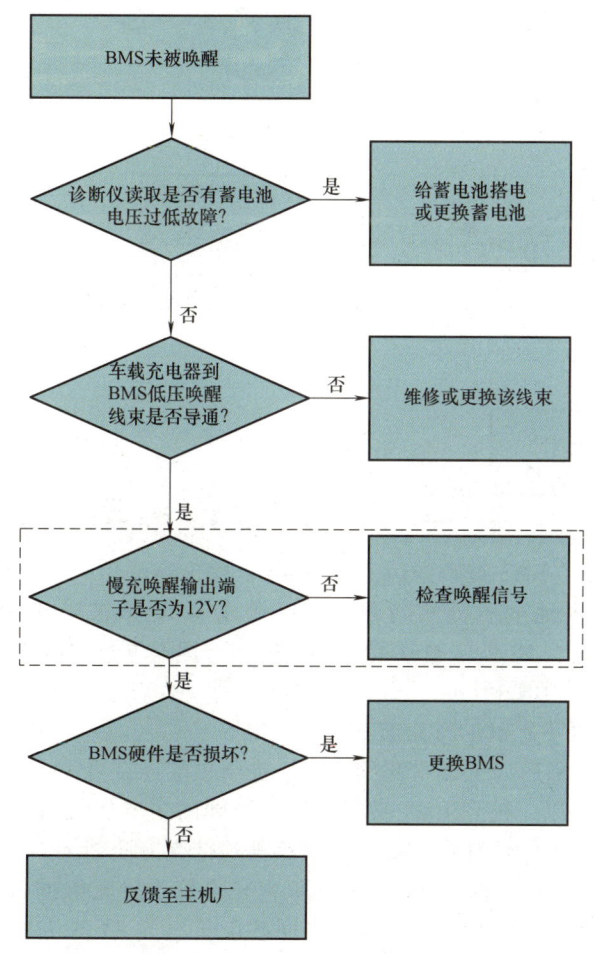

图 4-40 慢充 BMS 未被唤醒排查流程

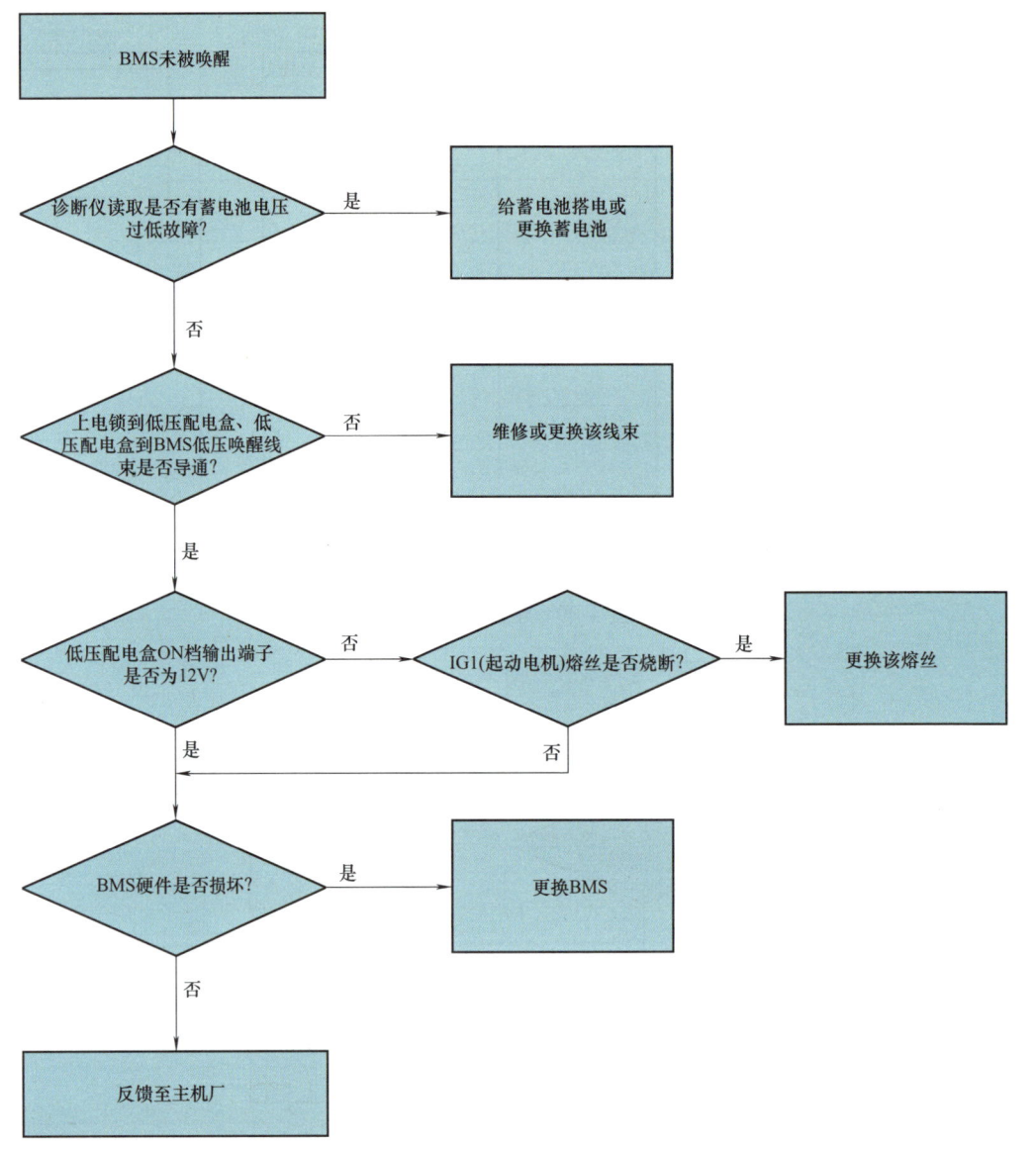

图 4-41 行车 BMS 未被唤醒排查流程

2）MCU 未被唤醒：BMS 被唤醒后，会给 MCU 输出唤醒信号，从而唤醒 MCU。BMS 已经唤醒，可以排除蓄电池电压低的问题，所以造成 MCU 未被唤醒的主要原因有 BMS 到 MCU 的唤醒信号不正确。MCU 未被唤醒的排查内容与排查方法如图 4-42 所示。

2. 低压唤醒失败故障解析

(1) 快充唤醒信号不正确的排查方法

当给车插上快充插头后，桩端检测到快充插头与车端连接可靠，就会给车端输出唤醒信号，从而唤醒 BMS。所以，桩到 BMS 唤醒信号不正确的主要原因有以下两个：快充插头与桩端连接不可靠或者唤醒信号有误。具体排查流程及排查方法如下。

1）快充插头与桩端连接不可靠。故障现象：充电桩连接充电插头后，充电桩屏幕显示充电插头未连接，用万用表测量 CC1 与 PE 之间的电压不为 4V 左右。当发生上述故障现象时，按照图 4-43 进行逐一排查。

项目四　高压电控系统结构、原理与检修

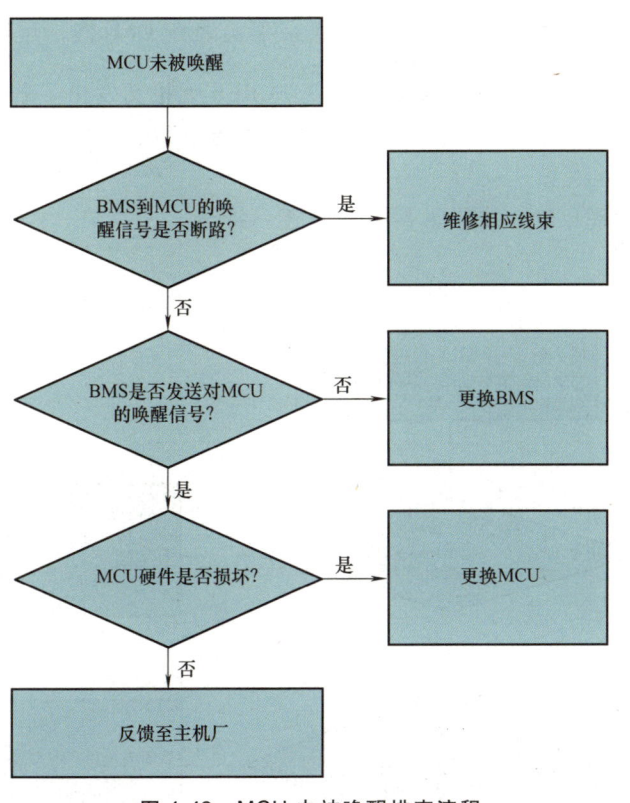

图 4-42　MCU 未被唤醒排查流程

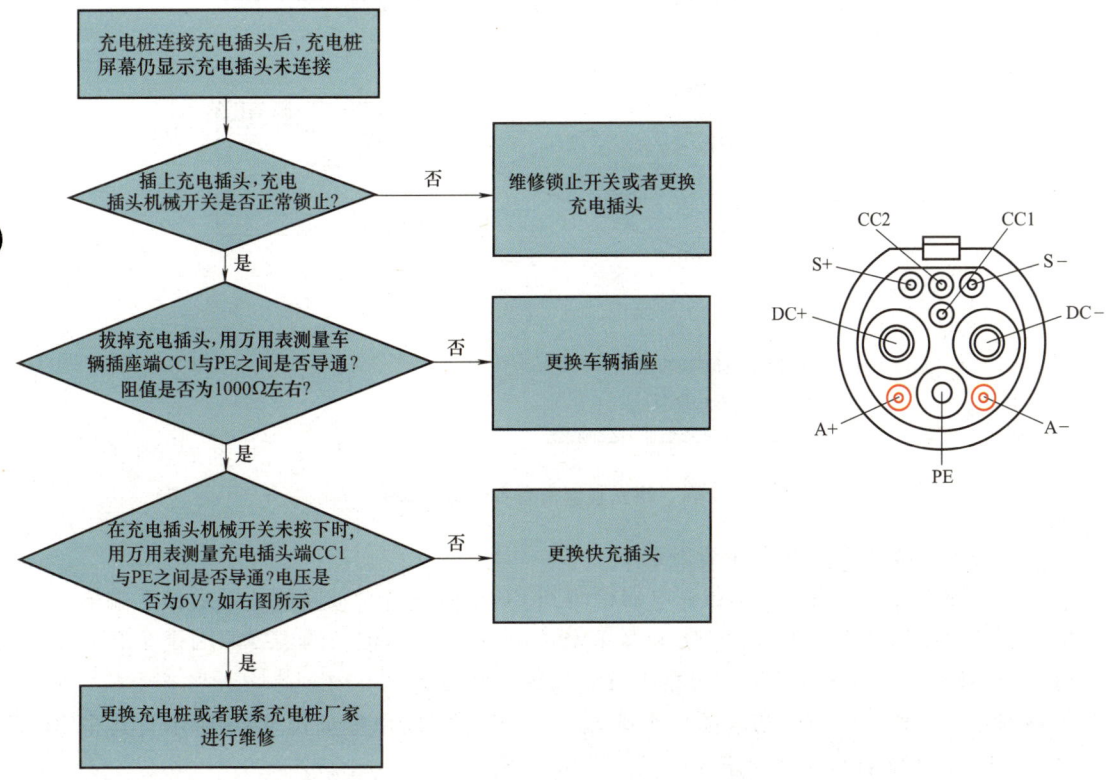

图 4-43　快充插头与桩端连接不可靠

2）充电桩输出唤醒信号有误。故障现象：车钥匙在 OFF 档，车辆插入快充插头后，车辆端仪表未显示充电连接指示灯，采集 FCBUS 无报文发出。若无采集 CAN 报文设备，将车钥匙转到 ON 档，车辆仪表显示充电连接指示灯，也可确认为快充桩未将 BMS 唤醒。

当发生上述故障现象时，按照图 4-44 进行逐一排查。

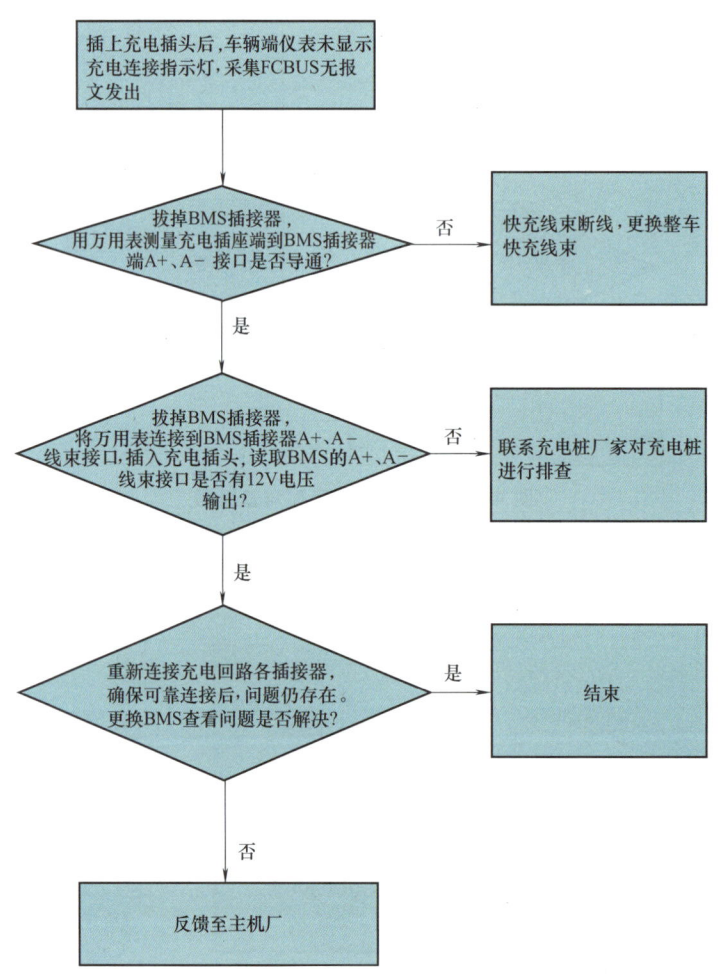

图 4-44 快充唤醒信号有误排查流程

（2）慢充唤醒信号不正确排查方法

当给车插上慢充插头后，车载充电器检测到 CC 信号后就会被唤醒，随后给车端输出唤醒信号，从而唤醒 BMS。所以，慢充唤醒 BMS 的唤醒信号不正确的主要原因是车载充电器（OBC）未被唤醒，具体排查流程及排查方法如图 4-45 所示。

根据慢充原理图可知，充电插头车端 CC 与 PE 之间的原理如图 4-46 所示，其中 RC、R4 的阻值应该满足该表中的要求。

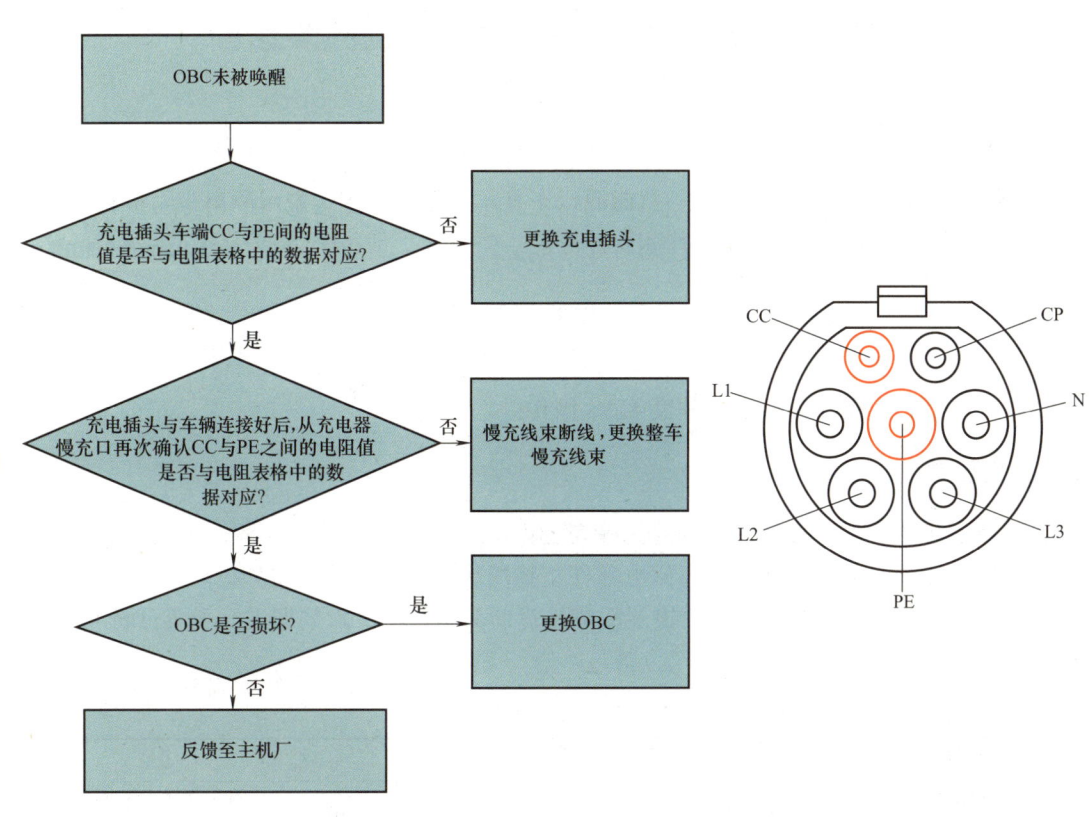

图 4-45　车载充电器不能正常被唤醒排查流程

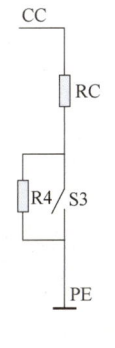

状态	S3	车辆接口连接状态及额定电流	RC	R4
状态A	—	车辆接口未完全连接	—	—
状态B	断开	机械锁止装置处于解锁状态	—	—
状态C	闭合	车辆接口已完全连接,充电电缆容量为10A	1.5kΩ/0.5W	—
状态C′	断开	车辆接口处于半连接状态	1.5kΩ/0.5W	1.8kΩ/0.5W
状态D	闭合	车辆接口已完全连接,充电电缆容量为16A	680Ω/0.5W	—
状态D′	断开	车辆接口处于半连接状态	680Ω/0.5W	2.7kΩ/0.5W
状态E	闭合	车辆接口已完全连接,充电电缆容量为32A	220Ω/0.5W	—
状态E′	断开	车辆接口处于半连接状态	220Ω/0.5W	3.3kΩ/0.5W
状态F	闭合	车辆接口已完全连接,充电电缆容量为64A	100Ω/0.5W	—
状态F′	断开	车辆接口处于半连接状态	100Ω/0.5W	3.3kΩ/0.5W
		RC、R4的精度为±3%		

a) 原理　　　　　　　　　　　　b) 阻值

图 4-46　慢充插头车端 CC 与 PE 间原理及阻值

【实训任务九】 高压电控系统故障诊断

实训场地和器材

新能源汽车作业工位和举升机、新能源汽车整车、警示标志、警示隔离带、隔离栏、绝缘手套、万用表、诊断仪及最新软件和硬件等。

作业准备

1）检查举升机。
2）新能源汽车整车和防护三件套等 5S 操作。

操作步骤

1）查阅维修手册，了解诊断仪的正确安装方法，连接车辆。
2）对照维修手册的步骤，对高压电部件主控模块数据进行采集与分析。

下面我们就以典型的 DC/DC 变换器故障码诊断为例，对故障数据进行采集分析和检测。故障码及含义见表 4-5。

表 4-5 故障码及含义

故障码	含义	故障码	含义
P17D098	过温故障	P17D11C	温度检测回路故障
P17D216	输入欠压故障	P17D217	输入过压故障
P17D629	输入电压检测回路故障	P17D317	输出过压故障
P17D316	输出欠压故障	P17D729	输出电压检测回路故障
P17D419	输入过流故障	P17D511	输出短路故障
P17D809	内部故障	U290087	与 BMS 通信异常故障

① P17D098 过温故障、P17D11C 温度检测回路故障分析。

引发 P17D098 过温故障可能的故障原因：模块导热材料效果下降、电源内部异常发热、冷却系统异常。

引发 P17D11C 温度检测回路故障可能的原因：温度检测回路故障、信号故障、执行器故障、控制器故障。

DTC 检测步骤：

a）在进行下列步骤之前，确认蓄电池电压为正常电压。
b）关闭起动/停止按键及所有用电器。
c）将诊断仪 BDS 连接至车辆诊断接口上。
d）打开起动/停止按键至 RUN 档。
e）用诊断仪读取和清除 DTC。
f）关闭起动/停止按键及所有用电器，3~5s 后重新打开起动/停止按键。
g）用诊断仪读取 DTC。如果检测到 DTC，则说明车辆有故障，应进行相应的诊断步骤。如果没有检测到DTC，则说明先前检测到的故障为偶发性故障。

h）故障排除后，重新验证DTC及症状是否存在。

诊断步骤见表4-6。

表4-6 诊断步骤

步骤	检查内容	结果	
1	重新上电检查车辆是否恢复正常	是，重新上电即可	否，请进行第2步
2	检查膨胀壶内冷却液量是否在标准位置	是，进行第3步	否，补加冷却液
3	检查冷却液管路是否有泄漏	是，更换管路并补加冷却液	否，进行第4步
4	检查散热器外观是否有损坏	是，更换散热器	否，进行第5步
5	断开电动冷却液泵连接插头（P01）T10w、冷却液温度传感器连接插头（P02）T2at，检查电动冷却液泵插头（P01）T10w、冷却液温度传感器插头（P02）T2at是否有裂痕和异常，以及端子是否腐蚀、生锈	是，清洁插头及端子	否，进行第6步
6	检查冷却液温度传感器本体（P02）T2at/1与T2at/2之间端子阻值是否随着温度升高阻值变小	是，进行第7步	否，更换冷却液温度传感器
7	测量电动冷却液泵插头（P01）T10w/4、T10w/10端子与冷却液温度传感器插头（P02）T2at/1、T2at/2端子之间导线是否出现断路情况，如图4-47所示	是，维修故障导线	否，进行第8步
8	断开蓄电池负极电缆		
9	测量冷却液温度传感器插头（P02）T2at/1、T2at/2端子与蓄电池正极之间是否出现短路情况，如图4-48所示	是，维修故障导线	否，进行第10步
10	测量冷却液温度传感器插头（P02）T2at/1、T2at/2端子与车身接地之间是否出现短路情况，如图4-49所示	是，维修故障导线	否，进行第11步
11	检查电子风扇是否正常工作	是，进行第12步	否，更换电子风扇
12	检查电动冷却液泵是否正常工作	是，进行第13步	否，进行第14步
13	检查电动冷却液泵供电及接地是否正常	是，进行第15步	否，维修故障导线，进行第14步
14	更换电动冷却液泵供电，重新进行诊断，读取故障码，确认故障码及症状是否存在	是，进行第15步	否，故障排除
15	更换冷却液温度传感器，重新进行诊断，读取故障码，确认故障码及症状是否存在	是，进行第16步	否，故障排除
16	检修或更换PEU，重新进行诊断，读取故障码，确认故障码及症状是否存在	是，从其他症状查找原因	否，故障排除

② P17D317输出过压故障、P17D316输出欠压故障、P17D729输出电压检测回路故障、P17D511输出短路故障分析。故障码及可能的故障原因见表4-7。

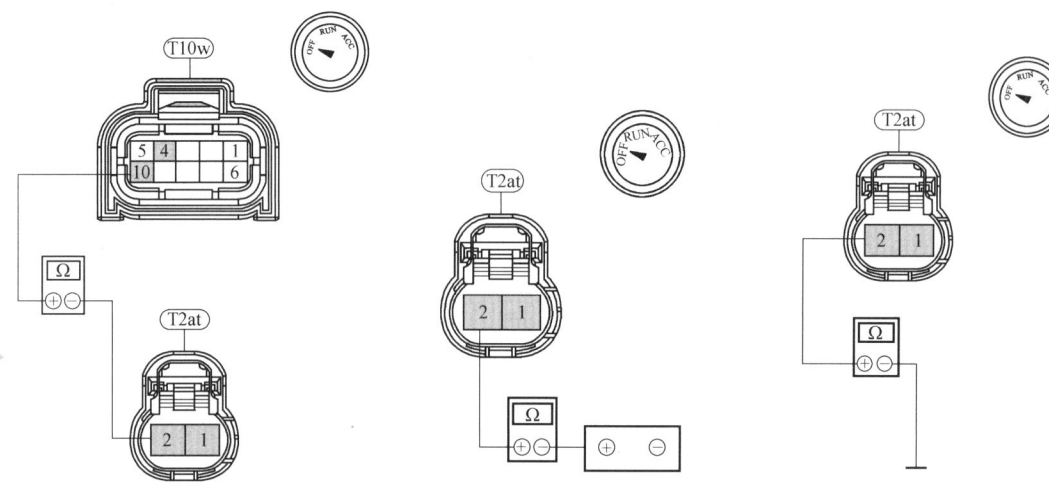

图 4-47 测量电动冷却液泵插头　　图 4-48 测量冷却液温度传感器　　图 4-49 测量冷却液温度
　　　　　　　　　　　　　　　　　　插头与蓄电池正极之间的电阻　　　　　　传感器插头

表 4-7 故障码及可能的故障原因

故障码	含义	可能的故障原因
P17D317	输出过压故障	输出设备故障
P17D316	输出欠压故障	输出设备故障、插接器插接问题
P17D729	输出电压检测回路故障	电压异常
P17D511	输出短路故障	线束短路

　　首先确认蓄电池电压是否为正常电压，然后关闭起动/停止按键及所有用电器，再将诊断仪 BDS 连接至车辆诊断接口上。这时打开起动/停止按键至 RUN 档，用诊断仪读取和清除 DTC。接下来关闭起动/停止按键及所有用电器，3~5s 后重新打开起动/停止按键，然后用诊断仪读取 DTC。如果检测到 DTC，则说明车辆有故障，应进行相应的诊断步骤。如果没有检测到 DTC，则说明先前检测到的故障为偶发性故障。

　　故障排除后，重新验证 DTC 及症状是否存在。

　　诊断步骤见表 4-8。

表 4-8 诊断步骤

步骤	检查内容	结果	
1	重新上电检查车辆是否恢复正常	是，重新上电即可	否，进行第 2 步
2	检查蓄电池电压是否在正常范围内	是，进行第 3 步	否，检修或更换蓄电池
3	检查前机舱电器盒熔丝 PF01(175A)是否熔断	是，更换熔丝	否，进行第 4 步
4	检查相应插接器是否未连接到位，是否有裂痕和异常，端子是否腐蚀、生锈	是，重新连接插接器，清洁插头及端子	否，进行第 5 步
5	检查 DC/DC 变换器输出电压是否正常。DC/DC 变换器输出电压范围：14V±0.25V	是，进行第 6 步	否，进行第 7 步
6	使用诊断仪查看动力蓄电池电压是否正常	是，进行第 7 步	否，检修或更换锂离子动力蓄电池
7	检修或更换 PEU，重新进行诊断，读取故障码，确认故障码及症状是否存在	是，从其他症状查找原因	否，故障排除

③ U290087 与 BMS 通信异常故障、P17D809 内部故障分析。

U290087 与 BMS 通信异常故障可能的原因：CAN 通信线故障、控制器故障。P17D809 内部故障可能的故障原因：软件故障、存储故障。

DTC 检测步骤：

首先确认蓄电池电压为正常电压，然后关闭起动/停止按键及所有用电器，将诊断仪 BDS 连接至车辆诊断接口上。打开起动/停止按键至 RUN 档，用诊断仪读取和清除 DTC。然后关闭起动/停止按键及所有用电器，3~5s 后重新打开起动/停止按键。用诊断仪读取 DTC。

如果检测到 DTC，则说明车辆有故障，应进行相应的诊断步骤。如果没有检测到 DTC，则说明先前检测到的故障为偶发性故障。

故障排除后，重新验证 DTC 及症状是否存在。

诊断步骤见表 4-9。

表 4-9 诊断步骤

步骤	检查内容	结果	
1	起动/停止按键置于 OFF 档时，断开高压驱动集成单元连接插头（U22）T48，检查高压驱动集成单元插头（U22）T48 是否有裂痕和异常，以及端子是否腐蚀、生锈	是，清洁插头及端子	否，进行第 2 步
2	检查前机舱电器盒熔丝 EF28(10A) 是否熔断	是，更换熔丝	否，进行第 3 步
3	测量高压驱动集成单元插头（U22）T48/M3、L3 端子与车身接地之间的电压是否为蓄电池电压，如图 4-50 所示	是，进行第 4 步	否，维修故障导线
4	测量高压驱动集成单元插头（U22）T48/M4、L4 端子与车身接地之间导线是否导通，如图 4-51 所示	是，进行第 5 步	否，维修故障导线
5	断开蓄电池负极电缆，测量高压驱动集成单元插头（U22）T48/H1 与 T48/H2 端子之间的电阻是否正常，如图 4-52 所示。参考阻值约 60Ω	是，进行第 6 步	否，进行第 7 步
6	测量高压驱动集成单元插头（U22）T48/H1、T48/H2 端子与车身接地之间是否出现短路情况，如图 4-53 所示	是，维修故障导线	否，进行第 7 步
7	断开网关连接插头（145）T40a，测量网关连接插头（145）T40a/19、T40a/20 端子与高压驱动集成单元插头（U22）T48/H2、T48/H1 端子之间导线是否导通，如图 4-54 所示	是，进行第 8 步	否，维修故障导线
8	断开动力蓄电池管理系统连接插头（U19）T28，测量动力蓄电池管理系统插头（U19）T28/P、T28/R 端子与高压驱动集成单元插头（U22）T48/H2、T48/H1 端子之间导线是否导通，如图 4-55 所示	是，进行第 9 步	否，维修故障导线
9	检修或更换 PEU（DC/DC 变换器），重新进行诊断，读取故障码，确认故障码及症状是否存在	是，从其他症状查找原因	否，故障排除

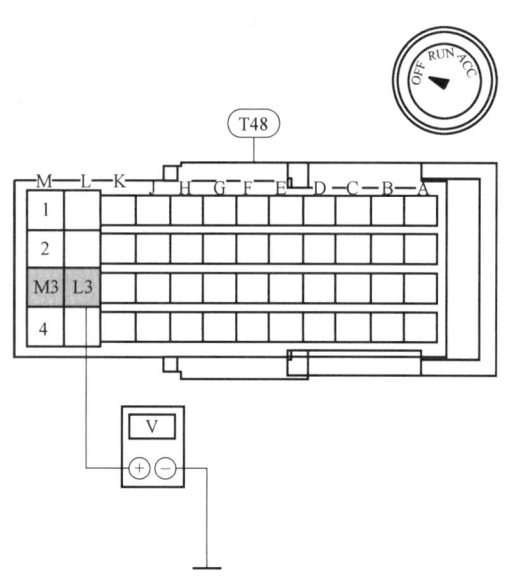

图 4-50 测量插头（U22）T48/M3、L3 端子与车身接地之间的电压

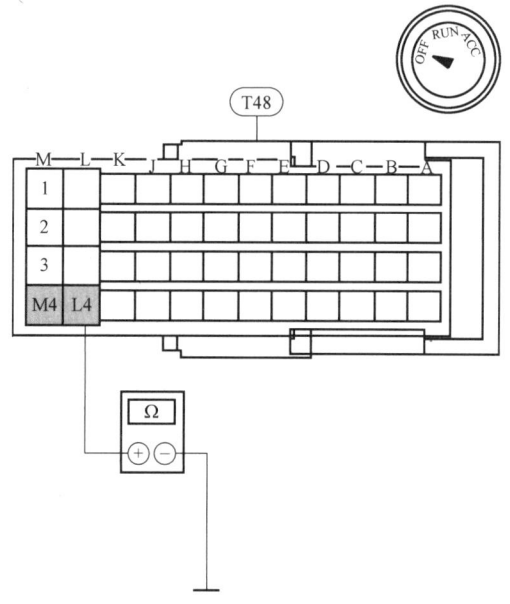

图 4-51 测量插头（U22）T48/M4、L4 端子与车身接地之间导线是否导通

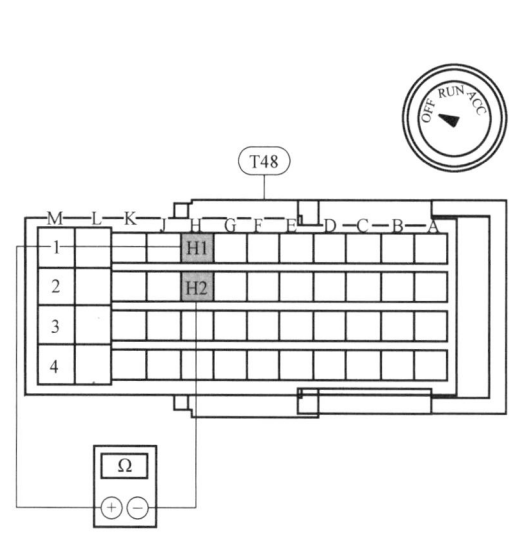

图 4-52 测量插头（U22）T48/H1 与 T48/H2 端子之间的电阻

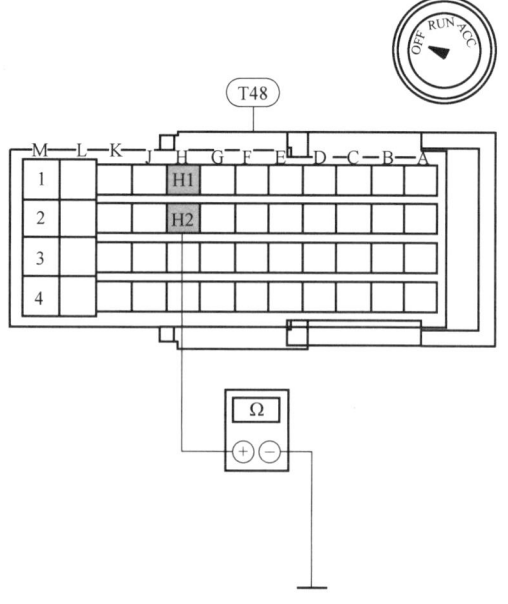

图 4-53 测量插头（U22）T48/H1、T48/H2 端子与车身接地之间是否出现短路

项目四　高压电控系统结构、原理与检修

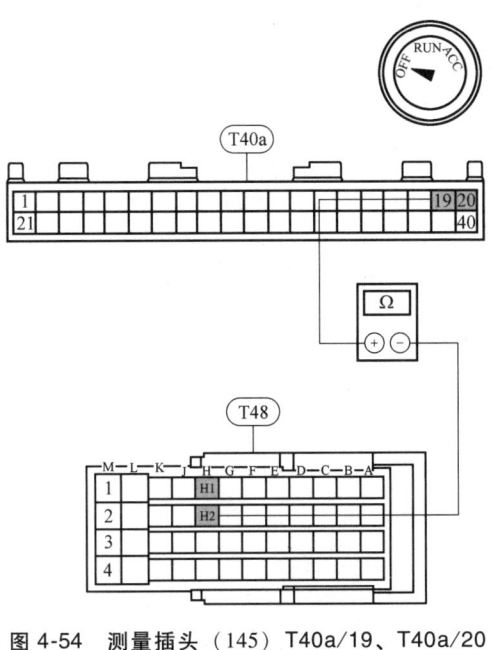

图 4-54　测量插头（145）T40a/19、T40a/20 端子与（U22）T48/H2、T48/H1 端子之间导线是否导通

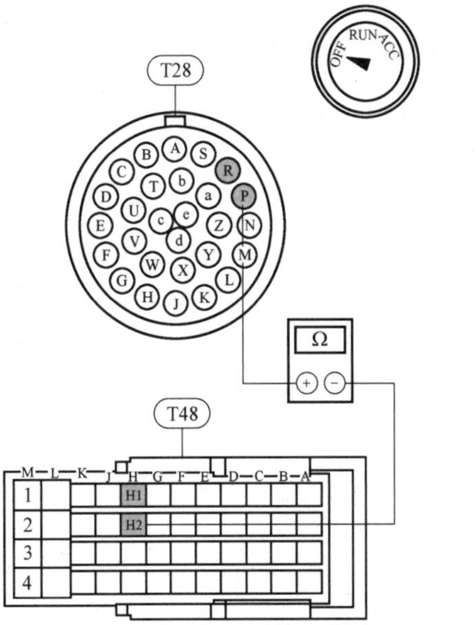

图 4-55　测量插头（U19）T28/P、T28/R 端子与插头（U22）T48/H2、T48/H1 端子之间导线是否导通

3）竣工检验，整理、恢复作业场地。

实训任务总结

高压电控系统故障诊断	工作任务单	班级：
		姓名：

1. 车辆信息记录

品牌		整车型号		生产年月	
驱动电机型号		动力蓄电池电量		行驶里程	
车辆识别码					

2. 作业场地准备

检查设置隔离栏	□是　□否
检查设置安全警示牌	□是　□否
检查灭火器压力及有效期	□是　□否
安装车辆挡块	□是　□否

3. 记录 P17D729 输出电压检测回路故障诊断过程

扫一扫　实训任务九习题

高压电控系统故障诊断				实习日期：	
姓名：		班级：		学号：	导师签名：
自评：□熟练□不熟练		互评：□熟练□不熟练		师评：□合格□不合格	
日期：		日期：		日期：	

高压电控系统故障诊断【评分细则】

序号	评分项	得分条件	分值	评分要求	自评	互评	师评
1	安全/5S/态度	□1. 能进行工位 5S 操作 □2. 能进行设备和工具安全检查 □3. 能进行车辆安全防护操作 □4. 能进行工具清洁、校准、存放操作 □5. 能进行"三不落地"操作	15	未完成1项扣3分	□熟练 □不熟练	□熟练 □不熟练	□合格 □不合格
2	专业技能	□1. 能正确连接诊断仪 □2. 能正确读取要求测量的数据 □3. 能够使用维修手册查找相关故障码的诊断流程 □4. 能够根据诊断流程进行实车检测 □5. 能够正确排除故障	50	未完成1项扣10分	□熟练 □不熟练	□熟练 □不熟练	□合格 □不合格
3	工具及设备的使用能力	□1. 能正确举升车辆 □2. 能正确使用诊断仪	10	未完成1项扣5分	□熟练 □不熟练	□熟练 □不熟练	□合格 □不合格
4	资料信息查询能力	□1. 能正确查询线束插接器端子含义 □2. 能正确使用维修手册查询资料 □3. 能正确记录查询资料章节及页码 □4. 能正确记录所需维修信息	15	未完成1项扣4分，扣分不得超过15分	□熟练 □不熟练	□熟练 □不熟练	□合格 □不合格
5	表单填写、报告撰写能力	□1. 字迹清晰 □2. 语句通顺 □3. 无错别字 □4. 无涂改 □5. 无抄袭	10	未完成1项扣2分	□熟练 □不熟练	□熟练 □不熟练	□合格 □不合格

总分：

项目五
充电系统结构、原理与检修

任务一　慢充系统结构、原理与检修

【学习目标】

知识目标：
1）能描述新能源汽车充电系统的分类。
2）能描述新能源汽车慢充系统信号传导过程。
3）能描述新能源汽车慢充系统常规检测方法。

技能目标：
1）能进行新能源汽车慢充系统部件识别。
2）能够对慢充相关故障码进行读取与分析。
3）能够对慢充系统故障进行诊断与检修。

素质目标：
1）操作过程中注重故障分析中的信息采集、数据分析。
2）通过对慢充系统的探索，从认知到掌握，提高学习能力。

【任务描述】

张鹏来到汽车维修厂实习，一位新能源汽车车主反映车辆慢充无法充电，询问他是哪里出了问题，但他不知道如何回答，你能帮他解决吗？

【相关知识】

一、充电方案概览

1. 充电模式

（1）模式 1

将电动汽车连接到交流电网（电源）时，在电源侧使用了符合 GB/T 2099.1—2021《家用和

类似用途插头插座 第1部分：通用要求》和 GB/T 1002—2021《家用和类似用途单相插头插座型式、基本参数和尺寸》要求的插头插座，在电源侧使用了相线、中性线和接地保护的导体。

目前，在新国标中，针对模式1（简易家用充电线，如图5-1所示）的充电条件，已明确在中国不允许使用模式1的充电方式对电动汽车进行充电。

（2）模式2

将电动汽车连接到交流电网（电源）时，在电源侧使用了符合 GB/T 2099.1—2021 和 GB/T 1002—2021 要求的插头插座，在电源侧使用了相线、中性线和接地保护的导体，并且在充电插头连接时使用了缆上控制与保护装置（IC-CPD），如图5-2所示。

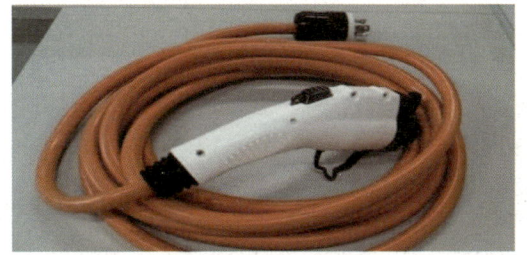
图5-1 充电模式1

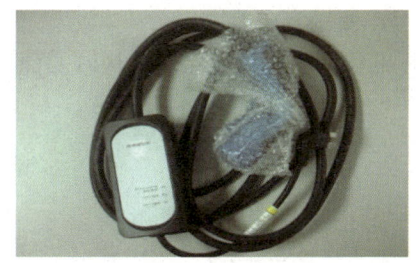
图5-2 充电模式2

在新国标中，针对模式2（充电宝）的充电条件，明确只采用单相交流充电，即家用充电不考虑三相交流充电的方式。明确要求使用16A插座时，交流供电电流不能超过13A；使用10A插座时，交流供电电流不能超过8A。即在使用16A插座时，最大充电功率限制在2.86kW；使用10A插座时，最大充电功率限制在1.76kW。

（3）模式3

将电动汽车连接到交流电网（电源）时，使用了专用供电设备，将电动汽车与交流电网直接连接，并且在专用供电设备上安装了控制引导装置，如图5-3所示。

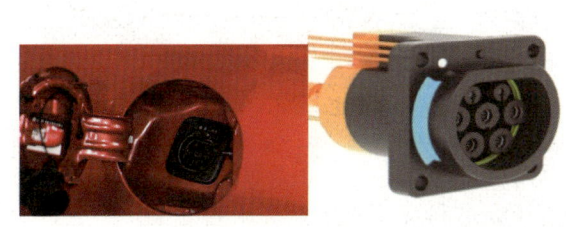
图5-3 充电模式3

（4）模式4

将电动汽车连接到交流电网或直流电网时，使用了带控制引导功能的直流供电设备，如图5-4所示。

2. 连接方式

（1）连接方式A

将电动汽车和交流电网连接时，使用和电

图5-4 充电模式4

动汽车永久连接在一起的充电电缆和供电插头，如图 5-5 所示。

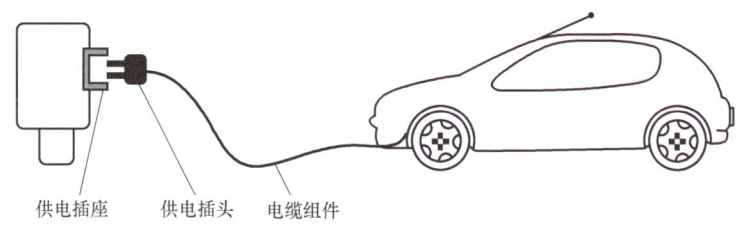

图 5-5 连接方式 A

（2）连接方式 B

将电动汽车和交流电网连接时，使用带有车辆插头和供电插头的独立的活动电缆组件，如图 5-6 所示。

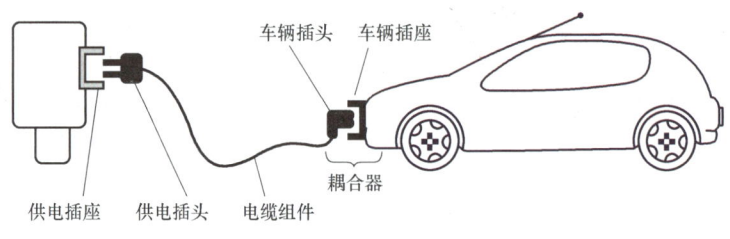

图 5-6 连接方式 B

（3）连接方式 C

将电动汽车和交流电网连接时，使用了和供电设备永久连接在一起的充电电缆和车辆插头，如图 5-7 所示。

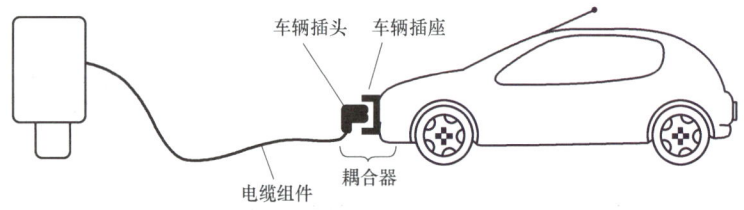

图 5-7 连接方式 C

3. 充电系统的组成

纯电动汽车有两种充电方式：直流充电和交流充电。交流充电主要是通过交流充电桩、壁挂式充电盒以及家用供电插座接入交流充电口，通过高压电控总成将交流电转换为 650V 直流高压电给动力蓄电池充电。直流充电主要是通过充电站的充电柜将直流高压电直接通过直流充电口给动力蓄电池充电。

充电系统主要组成部分：交流充电口、直流充电口、车载充电器、DC/DC 变换器、动力蓄电池包及动力蓄电池管理系统，如图 5-8 所示。

（1）车载充电器

车载充电器如图 5-9 所示，将交流充电口传递过来的交流电源转换为直流高压电为动力蓄电池充电，性能参数见表 5-1。

项目五　充电系统结构、原理与检修

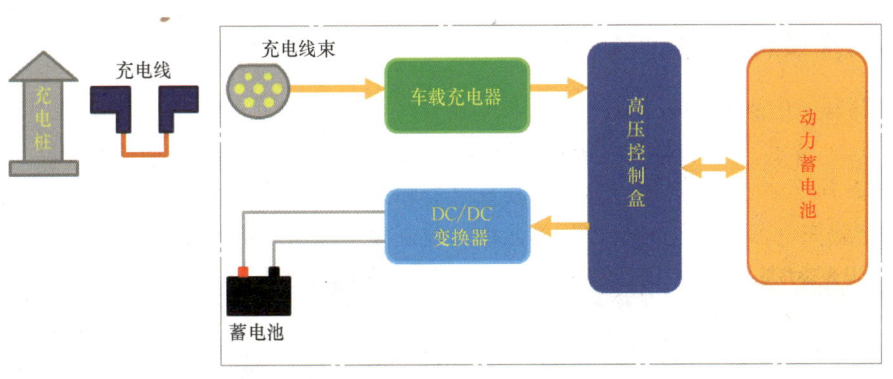

图 5-8　充电系统主要组成部分

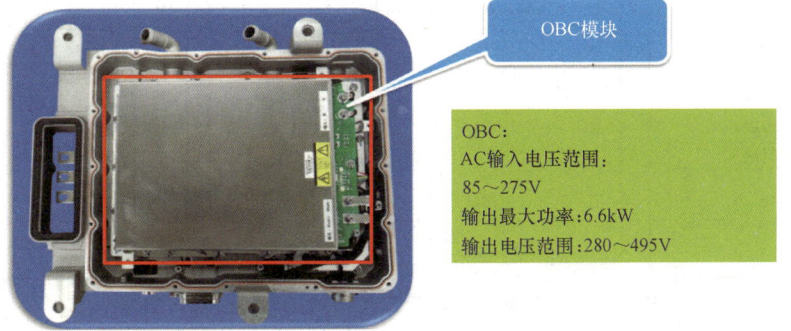

图 5-9　车载充电器

表 5-1　车载充电器性能参数

充电器降功率温度值	恢复正常输出功率温度值	充电器停止工作温度值	恢复可以输出功率温度值
90~105℃	小于85℃	大于105℃	小于90℃

（2）DC/DC 变换器

DC/DC 变换器集成在 PEU 里，相当于传统汽车的发电机，将动力蓄电池的高压电转换为低压电给蓄电池及低压系统供电。DC/DC 变换器具有效率高、体积小、耐受恶劣工作环境等特点，如图 5-10 所示。

项目	参数
输入电压	190~510V DC
输出电压	14V±0.25V DC
功率	1.8kW
效率	额定电压、半载，≥93%
冷却方式	液冷
防护等级	IP67
工作环境温度	-40~85℃

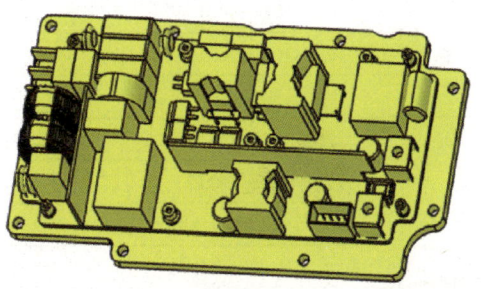

a) 参数　　　　　　　　　　　　　　b) 结构示意图

图 5-10　DC/DC 变换器的性能参数和结构示意图

二、慢充系统原理与国标

1. 控制导引电路的基本功能

如图 5-11 所示，该电路由供电控制装置，接触器 K1 和 K2，电阻 R1、R2、R3、R4、RC，二极管 D1，开关 S1、S2、S3，车载充电器和车辆控制装置组成，其中车辆控制装置可以集成在车载充电器或其他车载控制单元中。控制导引电路的参数见表 5-2。

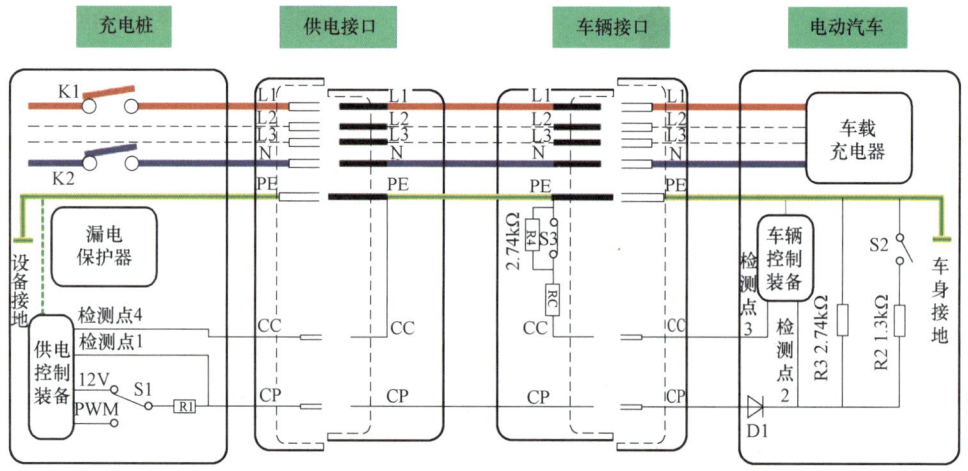

图 5-11 充电模式 3 连接方式 B 的控制导引电路原理

表 5-2 控制导引电路的参数

对象	参数	符号	单位	标称值	最大值	最小值
供电设备	输出最高电压	$+V_{CC}$	V	12.00	12.60	11.40
	输出最低电压	$-V_{CC}$	V	-12.00	-11.40	-12.60
	输出频率	f	Hz	1000.00	1030.00	970.00
	输出占空比公差	D_{co}	—	—	+0.5%	-0.5%
	信号设置时间	T_s	μs	n.a.	3	n.a.
	信号上升时间	T_r	μs	n.a.	2	n.a.
	信号下降时间	T_f	μs	n.a.	2	n.a.
	R1 等效电阻	R_1	Ω	1000	1030	970
	状态 1(检测点 1 电压)	U_{1a}	V	12	12.8	11.2
	状态 2(检测点 1 电压)	U_{1b}	V	9	9.8	8.2
	状态 3(检测点 1 电压)	U_{1c}	V	6	6.8	5.2
	容抗	C_s	pF	—	1600	300
电动汽车	R2 等效电阻	R_2	Ω	1300	1339	1261
	R3 等效电阻	R_3	Ω	2740	2822	2658
	等效二极管压降	V_{d1}	V	0.70	0.85	0.55
	输入占空比公差	D_{ci}	—	—	+1.5%	-1.5%
	容抗	C_v	pF	—	2400	—
电缆	容抗	C_c	pF	—	1500	—

电阻 R4、RC 安装在车辆插头上。开关 S1 为供电设备内部开关。开关 S2 为车辆内部开关，在车辆接口与供电接口完全连接，并且配置了电子锁的接口被完全锁止后，当车载充电器自检测完成后无故障，并且动力蓄电池组处于可充电状态时，S2 闭合（如果车辆设置有"充电请求"或"充电控制"功能，则同时应满足车辆处于"充电请求"或"可充电"状态）。开关 S3 为车辆插头的内部常闭开关，与插头上的下压按钮（用以触发机械锁止装置）联动，按下按钮解除机械锁止功能的同时，S3 处于断开状态。控制导引电路中也可以不配置开关 S2，无 S2 开关的车辆应采用单相充电，且最大充电电流不超过 8A。

以上功能和控制逻辑分析是基于配置开关 S2 的控制导引电路，对于未配置控制导引电路的，等同于开关 S2 为常闭状态。完全连接后，如车辆插座内配备有电子锁，电子锁应在开始供电（K1 与 K2 闭合）前锁定车辆插头并在整个充电流程中保持锁定。如不能锁定，终止充电流程并提示操作人员。慢充充电口如图 5-12 所示。

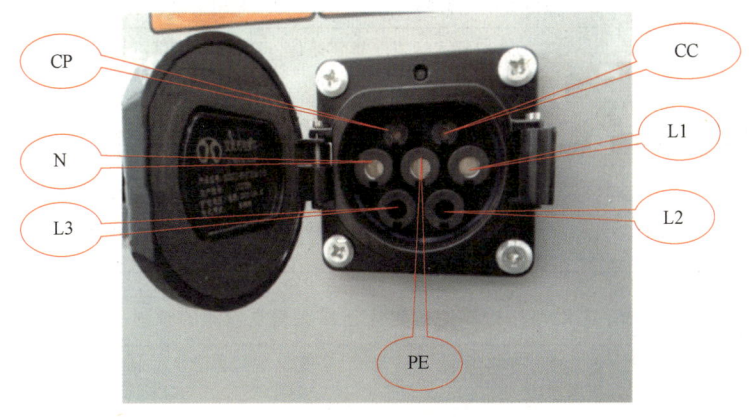

图 5-12 慢充充电口

CC—充电连接确认　CP—控制引导　N—中线　PE—保护接地
L1—交流电源　L2—交流电源（三相）　L3—交流电源（三相）

车辆控制装置通过测量检测点 3 与 PE 之间的电阻值（表 5-3）来确认当前充电连接装置（电缆）的额定容量；通过测量检测点 2 的 PWM 信号占空比确认当前供电设备的最大供电电流。振荡器振荡电压如图 5-13 所示，占空比与充电电流限值的映射关系见表 5-4 和表 5-5。

表 5-3　车辆接口连接状态及 RC 的电阻值

状态	RC	R4	S3	车辆接口连接状态及额定电流
状态 A	—	—	—	车辆接口未完全连接
状态 B	—	—	断开	机械锁止装置处于解锁状态
状态 C	1.5kΩ/0.5W	—	闭合	车辆接口已完全连接,充电电缆容量为 10A
状态 C′	1.5kΩ/0.5W	1.8kΩ/0.5W	断开	车辆接口处于半连接状态
状态 D	680Ω/0.5W	—	闭合	车辆接口已完全连接,充电电缆容量为 16A
状态 D′	680Ω/0.5W	2.7kΩ/0.5W	断开	车辆接口处于半连接状态
状态 E	220Ω/0.5W	—	闭合	车辆接口已完全连接,充电电缆容量为 32A
状态 E′	220Ω/0.5W	3.3kΩ/0.5W	断开	车辆接口处于半连接状态
状态 F	100Ω/0.5W	—	闭合	车辆接口已完全连接,充电电缆容量为 63A
状态 F′	100Ω/0.5W	3.3kΩ/0.5W	断开	车辆接口处于半连接状态

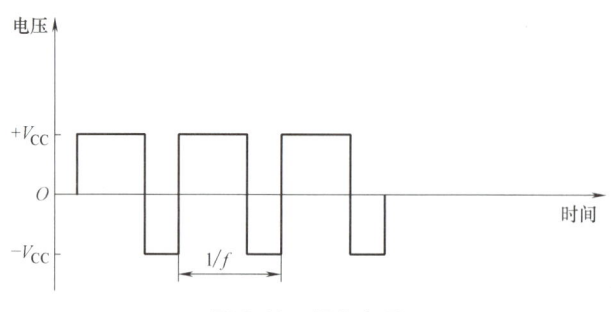

图 5-13 振荡电压

表 5-4 充电设施产生的占空比与最大充电电流的映射关系

PWM 占空比 D	最大充电电流 I_{max}/A
$D=0$,连续的 $-12V$	充电桩不可用
$D=5\%$	5%的占空比表示需要数字通信,且需在电能供应之前在充电桩和电动汽车之间建立通信
$10\% \leq D \leq 85\%$	$I_{max}=D \times 100 \times 0.6$
$85\%<D \leq 90\%$	$I_{max}=(D \times 100-64) \times 2.5$ 且 $I_{max} \leq 63$
$90\%<D \leq 97\%$	预留
$D=100\%$,连接正电压	不允许充电

表 5-5 电动汽车检测的占空比与最大充电电流的映射关系

PWM 占空比 D	最大充电电流 I_{max}/A
$D<3\%$	不允许充电
$3\% \leq D<7\%$	5%的占空比表示需要数字通信,且需在电能供应之前在充电桩和电动汽车之间建立通信
$7\% \leq D<8\%$	不允许充电
$8\% \leq D<10\%$	$I_{max}=6$
$10\% \leq D \leq 85\%$	$I_{max}=D \times 100 \times 0.6$
$85\%<D \leq 90\%$	$I_{max}=(D \times 100-64) \times 2.5$ 且 $I_{max} \leq 63$
$90\%<D \leq 97\%$	预留
$D>97\%$	不允许充电

充电过程中,车辆控制装置应对检测点 3 与 PE 之间的电阻值及检测点 2 的 PWM 信号占空比进行监测,供电控制装置应对检测点 4 及检测点 1 的电压值进行监测。

在充电过程中,当充电完成或因为其他原因不能满足继续充电的条件时,车辆控制装置和供电控制装置分别停止充电的相关控制功能。

2. 充电过程的工作控制程序

当车辆插头与车辆插座插合后(方式 A 下为供电插头与供电插座插合),车辆的总体设计方案可以自动启动某种触发条件(如打开充电门、车辆插头与车辆插座连接或者对车辆的充电按钮、开关等进行功能触发设置),通过互锁或者其他控制措施使车辆处于不可行驶状态。

供电控制装置通过测量检测点 1 或检测点 4 的电压值来判断供电插头与供电插座是否完全连接。车辆控制装置通过测量检测点 3 与 PE 之间的电阻值来判断车辆插头与车辆插座是否完全连接。未连接时，S3 处于闭合状态，CC 未连接，监测点 3 与 PE 之间的电阻值为无穷大；半连接时，S3 处于断开状态，CC 已连接，监测点 3 与 PE 之间的电阻值为 $Rc+R4$；完全连接时，S3 处于闭合状态，CC 已连接，监测点 3 与 PE 之间的电阻值为 Rc。如供电设备无故障，并且供电接口已完全连接，则开关 S1 从连接 12V+状态切换至 PWM 连接状态，供电控制装置发出 PWM 信号。

车辆控制装置通过测量检测点 2 的 PWM 信号来判断充电连接装置是否已完全连接。在车载充电器自检完成且没有故障的情况下，并且动力蓄电池组处于可充电状态时，车辆控制装置闭合开关 S2。供电控制装置通过测量检测点 1 的电压值判断车辆是否准备就绪。当检测点 1 的峰值电压为表 5-6 中状态 3 对应的电压值时，则供电控制装置通过闭合接触器 K1 和 K2 使交流供电回路导通。

表 5-6 检测点 1 的电压状态

充电过程状态	充电连接装置是否连接	S2	车辆是否可以充电	检测点1峰值电压（稳定后测量）/V	说明
状态 1	否	断开	否	12	车辆接口未完全连接,检测点 2 的电压为 0V
状态 2	是	断开	否	9	S1 切换至与 PWM 连接状态,R3 被检测到
状态 3	是	闭合	可	6	车载充电器及供电设备处于正常工作状态

三、慢充系统工作原理与常规检测

1. 慢充系统工作原理

当用户将交流充电插头插入车辆交流充电插座时，判断车辆是否满足交流充电条件并与交流供电设备进行通信，通信完成后整车控制系统控制车载充电器为动力蓄电池进行充电。满足慢充充电结束条件时，退出充电。慢充原理如图 5-14 所示。

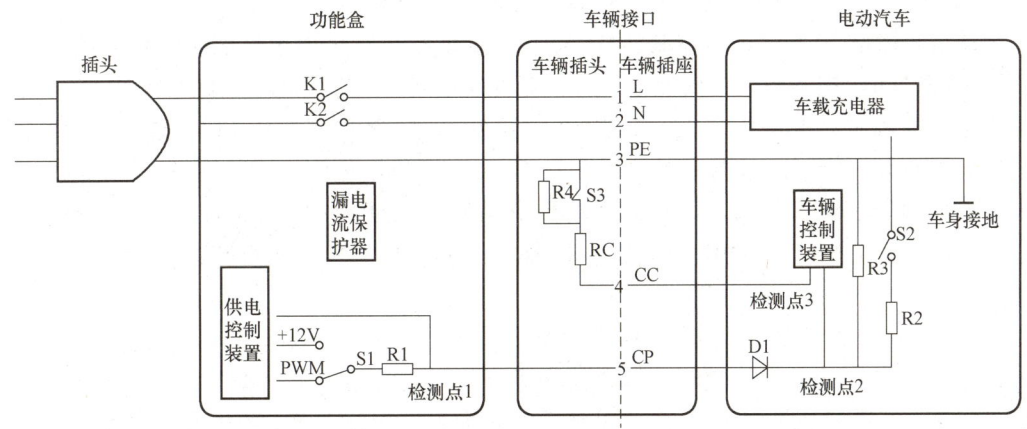

图 5-14 慢充原理

车辆充电前首先要确认外部供电（AC 220V）电源正常，且接地（PE）线路牢靠。只有供电电源正常，供电设备才会产生低压而被激活，CP（充电连接确认）信号连接引导线路上的电压才会出现+12V。否则，将导致供电设备内的控制系统无法获得低压电源（+B），从而导致供电设备无法启动，供电设备上的所有指示灯不会点亮，车辆无法充电。如果PE接地出现故障，则导致供电设备激活其故障指示灯，但部分供电设备依然可以充电，而有的供电设备则不会启动，车辆无法充电。

2. 慢充唤醒原理

为了实现慢充功能，整车必须唤醒的控制器有OBC、BMS及MCU，慢充桩通过硬线信号唤醒OBC，随后OBC通过硬线信号唤醒VCU，再由VCU唤醒MCU和BMS并引导整车上电。慢充唤醒原理如图5-15所示。

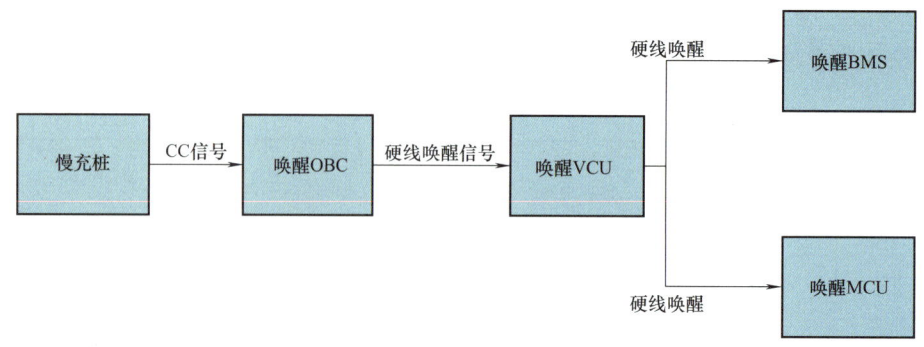

图5-15 慢充唤醒原理

在电动汽车和供电设备建立电气连接后，车载充电器通过测量引导线路中定义的检测点3（CC）与PE之间的电阻（电压）值来判断当前充电连接装置（电缆）的额定容量和连接状态。车载充电器内部输出一个高电位（约12V）至CC（充电插头连接确认）信号线路上。按压充电插头上锁止开关并保持，CC信号通过充电插头内部线路中的串联电阻R4、RC与PE接通，车载充电器内部输出的高电位被电阻R4和RC拉低至4.33V左右（以10A容量充电电缆为例）。释放充电插头上的锁止开关，R4被充电插头内部开关S3短接，CC信号只通过充电插头内部电阻RC与PE接通，车载充电器内部输出的高电位被RC拉低。

OBC主控单元接收到被拉低的电压后，即确认充电插头和车辆已连接，OBC被激活，通过硬线信号唤醒VCU（整车控制器），VCU（整车控制器）再通过硬线信号唤醒BMS与MCU。同时，OBC接收到被拉低的电压后，即可判定当前供电电缆的供电电流。

供电设备接通交流电源后，会向充电连接确认信号CP线路输出+12V电压；充电插头连接后，被OBC内部充电引导装置中串联在CP（充电连接确认）信号线路上的整流二极管和电阻R3拉低至9V并保持。OBC内部检测CP信号线路上检测点2的电压，如果检测到检测点2的电压变为9V，则OBC判定供电设备通过充电插头与车辆已连接，OBC进入准备阶段。

OBC根据其检测到的CC和CP信号，确认供电设备、充电插头和车辆完全连接，进而向BMS发送充电请求信号，同时让组合仪表点亮充电连接指示灯，提醒驾驶人车辆进入充电模式，充电插头已连接。BMS被唤醒之后，对动力蓄电池温度、SOC值、绝缘性能、故障信息、单体蓄电池信息等进行自检，同时对主正、主负、预充继电器进行粘连检测。系统自检正常后，通过 CAN 总线将动力蓄电池正常信息发送至总线网络。如果 BMS 对动力蓄电池自检出现异常，系统将停止充电流程，同时保存故障信息并生成故障码存储。

3. 充电参数交互

充电参数的交互配置从 BMS 唤醒开始，贯穿于整个快充过程，直至充电结束。充电参数交互过程如图 5-16 所示。

OBC、BMS、DC/DC 变换器等模块被激活后，就进入数据交换阶段（配置阶段）。OBC 向 BMS 发送时间同步信息及最高输出电压、最低输出电压、最大输出电流等信息。BMS 向 OBC 发送动力蓄电池最高允许充电电压、最高允许充电电流，慢充系统标称总能量、最高允许充电总电压、最高允许温度，以及慢充系统荷电状态、慢充系统总电压、动力蓄电池温度等参数信息，向 MCU 发送驱动电机控制禁止启动命令，向空调控制器、VCU 发送动力蓄电池预热或冷却启动信息。

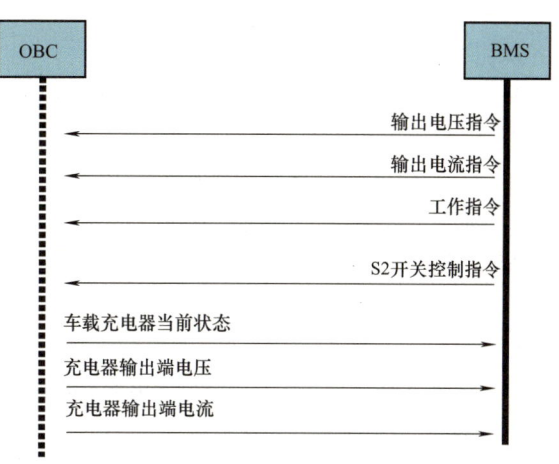

图 5-16 充电参数交互过程

在充电过程中，OBC、BMS 根据当前充电电压、电流以及充电口温度传感器信息，实时计算出动力蓄电池充满电所需时间及当前功率，然后和当前动力蓄电池电量信息（SOC）一起通过 CAN 总线发送至 VCU、组合仪表，组合仪表显示当前充电状态、动力蓄电池电量、充电功率及满电所需时间。

四、慢充系统故障案例解析

在纯电动汽车充电过程中，慢充系统最容易出现的故障为车载充电器与充电桩连接故障。凡是涉及此故障的情况，首先应该确保充电桩状态良好，符合相关国家标准，与各款电动汽车进行过调试并通过；其次，确认充电桩提供的工作电压范围在 187~253V；再次，检查充电插头和充电口的各连接端子无烧蚀和损坏现象；最后，连接好充电线后，查看车载充电器指示灯状态。

车载充电器的指示灯有三种情况：三个指示灯（电源、工作、故障）都不亮；车载充电器的电源指示灯和工作指示灯点亮，无充电电流；对车载充电器的数据进行分析，数据中没有动力蓄电池发送的数据。

1. 指示灯都不亮的检修方法

当出现车载充电器的电源灯、工作状态灯和故障灯均不亮时，可按照下述方法及步骤进行检修。

1）测量充电桩端充电插头的 N 端子和车辆端的 N 端子是否导通，阻值应小于 0.5Ω；否则，应更换充电线总成。

2）测量充电桩端充电插头的 L 端子和车辆端的 L 端子是否导通，阻值应小于 0.5Ω；否则，应更换充电线总成。

3）测量充电桩端充电插头的 PE 端子和车辆端的 PE 端子是否导通，阻值应小于 0.5Ω；否则，应更换充电线总成。

4）测量充电桩端充电插头的 CP 端子和车辆端的 CP 端子是否导通，阻值应小于 0.5Ω；否则，应更换充电线总成。

5）测量充电桩端充电插头的 CP 端子和 PE 端子是否导通，阻值应小于 0.5Ω；否则，应更换充电线总成。

6）测量充电线车辆端充电插头的 CC 端子和 PE 端子的阻值，16A 充电线阻值应为（680±3%×680）Ω，32A 充电线阻值应为（220±3%×220）Ω；否则，应更换充电线总成。需要注意的是，在测量充电线阻值时，充电插头的解除锁止按键需保持在弹起状态。

7）如果充电线状态正常，但启动充电程序后，充电器指示灯仍旧都不亮，应首先检查插接器端子无烧蚀、虚接故障。继续对充电线束进行检测，测量充电口 L 端子与充电线束充电器插接器 1 端子应导通，阻值应小于 0.5Ω，如果不符合标准，则应更换充电线束。

8）测量充电口 N 端子与充电线束充电器插接器 2 端子应导通，阻值应小于 0.5Ω，如果不符合标准，则更换充电线束。

9）测量充电口 PE 端子与充电线束充电器插接器 3 端子应导通，阻值应小于 0.5Ω，如果不符合标准，则更换充电线束。

10）测量充电口 CC 端子与充电线束充电器插接器 5 端子应导通，阻值应小于 0.5Ω，如果不符合标准，则更换充电线束。

2. 无充电电流的检修方法

当出现车载充电器的电源指示灯和工作指示灯均正常点亮，但无充电电流的故障现象时，应检查动力蓄电池的状态。首先确保高压电线束插接器连接牢固，在充电状态下，连接诊断仪，并进入动力蓄电池充电状态监控系统，根据动力蓄电池充电状态界面显示的数据进行以下检查和分析。

1）检查车辆端充电插头解除锁止按键是否卡滞、是否完全复位。

2）检查高压控制盒内的车载充电器的熔断器是否损坏，如损坏，则更换。

3）检查高压线束高压控制盒插接器的 E 端子和车载充电器插接器的 B 端子的导通情况，在正常情况下，其对应阻值应小于 0.5Ω，如不符合标准，则更换慢充线束总成。

4）检查高压线束高压控制盒插接器的 F 端子和车载充电器插接器的 A 端子的导通情况，正常情况下，其阻值应小于 0.5Ω，如不符合标准，则更换慢充线束总成。

5）恢复车辆高压线束，在确保安全的情况下，测量充电时高压线束车载充电器插接器 A、B 端子之间的电压，如果电压与动力蓄电池低压一致，则说明车载充电器损坏，应更换。

3. 无动力蓄电池数据的检修方法

对车载充电机的数据进行分析时，如果系统中没有显示动力蓄电池的数据，则应检测充电唤醒信号及仪表充电指示灯是否点亮。

1）如果充电指示灯不点亮，则检查前机舱低压电器盒 FB02 熔丝是否损坏。如损坏，则需对低压电机线束进行检测；如未损坏，则检查熔丝低压供电情况。

2）如果低压供电无电压，则测量熔丝盒的供电端子与 FB02 熔丝。如果不导通，则更换低压电器盒；如果导通，则检查低压主熔丝。

3）如果低压供电有电压，则检测 FB02 熔丝与熔丝盒背面 A6 插接器的 A8 端子导通情况。如果不导通，则更换低压电器盒；如果导通，则检查低压电机线束。

4）检测低压电机线束前机舱低压电器盒黑色插接器 J6 的 A8 端子与车载充电器的低压插接器 16 端子的导通情况。如果不导通，则检查线束，进行线束修复或更换；如果导通且插接器端子良好，则继续检测唤醒信号。

5）检测低压线束车载充电器的低压插接器 15 端子与 VCU 插接器的 113 端子的导通情况。如果不导通，则检查线束，必要时进行修复或更换；如果导通且插接器端子良好，则继续检测唤醒信号。

6）连接好低压线束，在充电状态下测量 VCU 插接器 113 端子的电压情况。如果无电压，则更换充电器；如果 VCU 插接器 113 端子有电压，且线束恢复后仍然没有充电指示，则检查充电连接确认信号。

7）连接好低压线束，在充电状态下测量 VCU 插接器 36 端子的电压情况，正常情况下，该电压应低于 0.5V；否则，应检查充电线束和车载充电器。

8）检查动力蓄电池唤醒信号，检测整车控制器插接器 81 端子与动力蓄电池低压插接器 C 端子的导通情况。如果不导通，则检查线束，必要时进行修复或更换；如果导通，则继续检查线束。

9）检查动力蓄电池总负继电器控制信号。检测整车控制器插接器 97 端子与动力蓄电池低压插接器 F 端子的导通情况，如果不导通，则检查线束，必要时进行修复或更换；如果导通，则继续检查线束。

10）线束安装好，在充电状态下，检测动力蓄电池低压插接器 C 端子的唤醒信号电压，正常情况下该电压值应为 12V（与低压蓄电池电压一致）。否则，应检查整车控制器供电情况，读取整车控制器故障码。如果动力蓄电池低压插接器 C 端子无唤醒信号电压，则更换整车控制器。

【实训任务十】 慢充系统信号检测

实训场地和器材

新能源汽车作业工位和举升机、新能源汽车整车、专用设备、工具、测试标准、合规充电设施及场地、工作灯。

作业准备

1）检查举升机。
2）整车和防护三件套等 5S 操作。

操作步骤

1）停车入位，整车举升到位。
2）确认蓄电池电压为正常电压，如图 5-17 所示。

扫一扫
慢充信号检测

3）连接诊断仪，读取 DTC。

关闭起动/停止按键及所有用电器。将诊断仪 BDS 连接至车辆诊断接口上。

打开起动/停止按键至 RUN 档，用诊断仪读取和清除 DTC。关闭起动/停止按键及所有用电器，3~5 秒后重新打开起动/停止按键。

用诊断仪读取 DTC，如果检测到 DTC，则说明车辆有故障，应进行相应的诊断步骤。如果没有检测到 DTC，则说明先前检测到的故障为偶发性故障。

4）接下来以 P148402 CC 信号、P148801 CP 信号异常讲解故障检测排除步骤。

重新上电检查车辆是否恢复正常。如不正常，则进行下一步。

起动/停止按键置于 OFF 档时，断开高压驱动集成单元连接插头（U22）T48，检查该插头是否有裂痕和异常，以及端子是否腐蚀、生锈，如图 5-18 所示。如是，清洁插头及端子；否则，进行下一步。

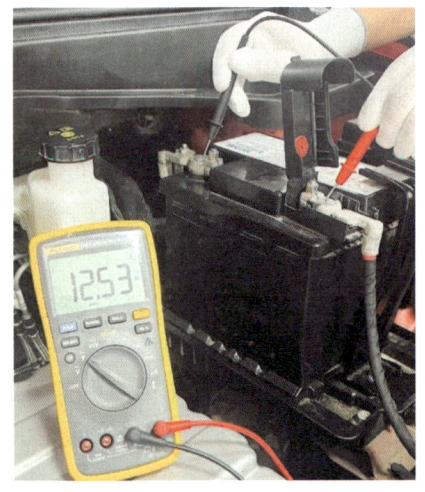

图 5-17　检测蓄电池电压

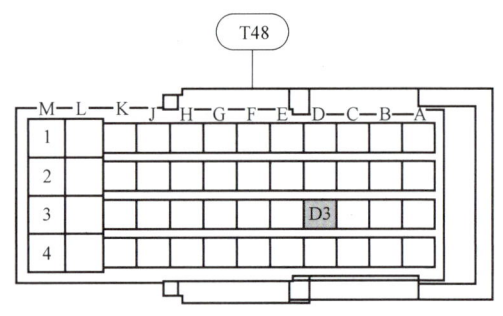

图 5-18　断开并检测 T48 插头

断开蓄电池负极电缆，测量交流插座 CC 端子与高压驱动集成单元插头（U22）T48/D3 端子之间导线是否导通，如图 5-19 所示。如不导通，则维修故障导线；否则，进行下一步。

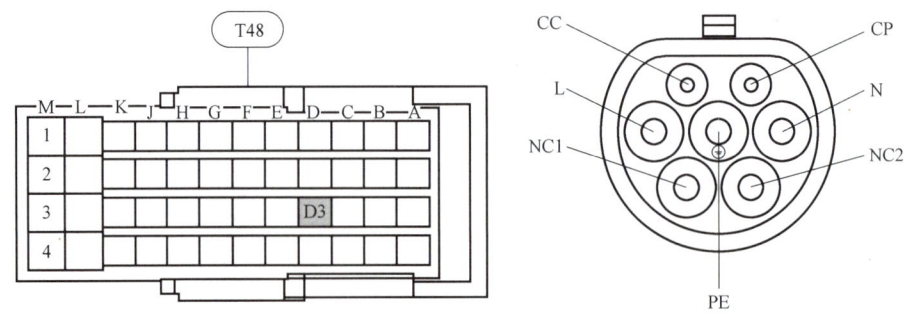

图 5-19　测量 T48/D3 端子与交流插座 CC 端子间的电阻

断开网关连接插头（I45）T40a，测量网关连接插头（I45）T40a/19、T40a/20 端子与高压驱动集成单元插头（U22）T48/H2、T48/H1 端子之间导线是否导通，如图 5-20 所示。如不导通，则维修故障导线；否则，进行下一步。

断开组合仪表连接插头（I15）T32a，测量网关连接插头（I45）T40a/17、T40a/18 端子与组合仪表插头（I15）T32a/24、T32a/23 端子之间导线是否导通，如图 5-21 所示。如不导通，则维修故障导线；否则，进行下一步。

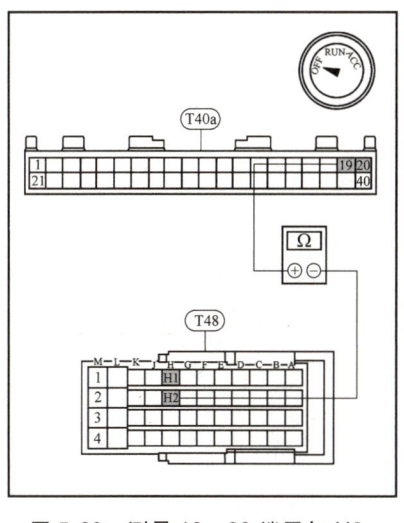

图 5-20　测量 19、20 端子与 H2、H1 端子间导通情况

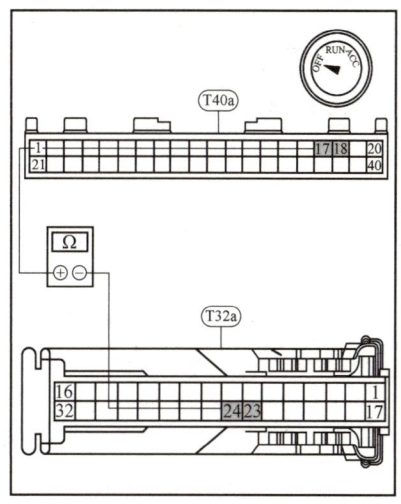

图 5-21　测量 17、18 端子与 23、24 端子间导通情况

测量慢充充电线车辆端 CC 端子与 PE 端子之间电阻是否正常，如图 5-22 所示。参考阻值：约 220Ω。如不正常，更换慢充插头；否则，进行下一步。

按压开关，测量慢充充电线车辆端 CC 端子与 PE 端子之间电阻是否正常。参考阻值：约 3.3kΩ。如不正常，则更换慢充充电线；否则，进行下一步。

连接慢充充电线与慢充充电口，测量 PEU 侧线束 CC 端子与 PE 端子之间电阻是否正常。参考阻值：约 220Ω。如不正常，则维修故障慢充线束；否则，进行下一步。

检查组合仪表供电接地是否正常。如不正常，则维修故障导线；否则，进行下一步。

更换组合仪表（图 5-23），重新进行诊断，读取故障码，确认故障码及症状是否存在。如果故障码及症状消失，则故障排除；否则，进行下一步。

图 5-22　测量慢充充电线车辆端 CC 端子与 PE 端子之间的电阻

图 5-23　更换组合仪表

检修或更换 PEU，重新进行诊断，读取故障码，确认故障码及症状是否存在。如果故障码及症状消失，则故障排除；否则，从其他症状查找原因。

竣工检验

整理、恢复作业场地。

实训任务总结

慢充系统信号检测		工作任务单		班级：	
				姓名：	

1. 车辆信息记录

品牌		整车型号		生产年月	
驱动电机型号		动力蓄电池电量		行驶里程	
车辆识别码					

2. 作业场地准备

检查设置隔离栏	□是　□否
检查设置安全警示牌	□是　□否
检查灭火器压力及有效期	□是　□否
安装车辆挡块	□是　□否

3. 记录故障现象

4. 使用诊断仪读取故障码、数据流

故障码	
数据流	

5. 画慢充口简图，标出端子名称

6. 故障检测

检测对象	检测条件	检测值	标准值	结果判断

慢充系统信号检测		实习日期：	
姓名：	班级：	学号：	导师签名：
自评：□熟练□不熟练	互评：□熟练□不熟练	师评：□合格□不合格	
日期：	日期：	日期：	

慢充系统信号检测【评分细则】

序号	评分项	得分条件	分值	评分要求	自评	互评	师评
1	安全/5S/态度	□1. 能进行工位 5S 操作 □2. 能进行设备和工具安全检查 □3. 能进行车辆安全防护操作 □4. 能进行工具清洁、校准、存放操作 □5. 能进行"三不落地"操作	15	未完成1项扣3分	□熟练 □不熟练	□熟练 □不熟练	□合格 □不合格
2	专业技能	□1. 能正确确认故障现象 □2. 能规范拆卸车载充电器线束插接器 □3. 能正确测量辅助蓄电池电压 □4. 能正确检测车载充电器线束插接器端子电压 □5. 能正确检测车载充电器线束插接器端子电阻 □6. 能确认车载充电器故障部位 □7. 能规范修复车载充电器故障部位 □8. 能规范验证车载充电器功能	50	未完成1项扣7分，扣分不得超过50分	□熟练 □不熟练	□熟练 □不熟练	□合格 □不合格
3	工具及设备的使用能力	□1. 能正确使用万用表 □2. 能正确使用内饰拆卸板	10	未完成1项扣5分	□熟练 □不熟练	□熟练 □不熟练	□合格 □不合格
4	资料、信息查询能力	□1. 能正确查询线束插接器端子的含义 □2. 能正确使用维修手册查询资料 □3. 能正确记录查询资料章节及页码 □4. 能正确记录所需维修信息	10	未完成1项扣3分，扣分不得超过10分	□熟练 □不熟练	□熟练 □不熟练	□合格 □不合格

（续）

序号	评分项	得分条件	分值	评分要求	自评	互评	师评
5	数据判断和分析能力	□1. 能判断蓄电池电压是否正常 □2. 能判断车载充电器供电是否正常 □3. 能判断车载充电器搭铁是否正常 □4. 能判断车载充电器数据通信是否正常	10	未完成1项扣3分，扣分不得超过10分	□熟练 □不熟练	□熟练 □不熟练	□合格 □不合格
6	表单填写、报告的撰写能力	□1. 字迹清晰 □2. 语句通顺 □3. 无错别字 □4. 无涂改 □5. 无抄袭	5	未完成1项扣1分	□熟练 □不熟练	□熟练 □不熟练	□合格 □不合格

总分：

任务二　快充系统结构、原理与检修

【学习目标】

知识目标：
1) 能描述新能源汽车充电系统的分类。
2) 能描述新能源汽车快充系统信号传导过程。
3) 能描述新能源汽车充电系统常规检测方法。

技能目标：
1) 能进行新能源汽车快充系统部件的识别。
2) 能够对快充相关故障码进行读取与分析。
3) 能够对快充系统故障进行诊断与检修。

素质目标：
1) 操作过程中注重信息采集、数据分析。
2) 通过对快充系统的探索，从认知到掌握，提高学习能力。

【任务描述】

张鹏来到汽车维修厂实习，一位新能源汽车车主反映车辆快充无法充电，询问他是哪里出了问题，他不知道如何回答，你能告诉他吗？

【相关知识】

一、快充系统结构原理

直流充电是国家标准的充电方式，其电气原理图、检测和控制要满足标准 GB/T 18487.1—2015《电动汽车传导充电系统 第 1 部分：通用要求》的要求，根据标准要求，CC1 信号是直流充电桩判断充电插头和充电插座是否连接的信号；CC2 是车辆判断充电插头和充电插座是否连接的信号；S+和 S−是 CAN 信号通道；A+和 A−是辅助电源，以乘用车为例是 12V，以大客车为例是 24V。直流充电桩可通过 A+和 A−提供辅助电源，但在标准里并未强调一定要使用此辅助电源，车辆可根据实际需求应用。电气原理图中的各电阻值都必须满足标准要求，且控制器必须按照标准进行判断，以满足车辆在市场上的充电需求。

快充是指外部电网输入给车辆的电压为直流电，即直流充电桩把 380V AC 三相电转化为直流电，通过标准直流充电插头和充电插座输送给车辆，直接给动力蓄电池充电，完成基本的直流充电。

直流充电的部件主要有直流充电插座（直流充电插座线束）、车辆控制器（VCU、BMS）和直流充电桩等，如图 5-24 所示。直流充电的组成连接地面充电设备给新能源汽车

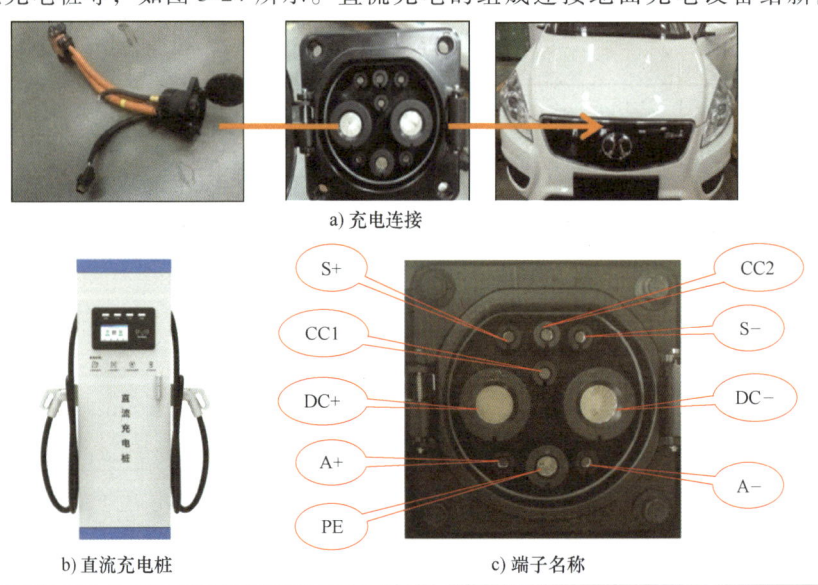

端子	含义	端子	含义
S+	网络通信+(CAN H)	DC+	高压直流+
S−	网络通信−(CAN L)	DC−	高压直流−
CC1	连接确认1	A+	辅助电源+
CC2	连接确认2	A−	辅助电源−
PE	地线		

d) 端子含义

图 5-24 快充系统基本组成

的动力蓄电池进行直流充电。

1. 快充系统原理

快充功能主要涉及的设备有非车载充电器（快充桩）和充电插头，快充原理如图 5-25 所示。

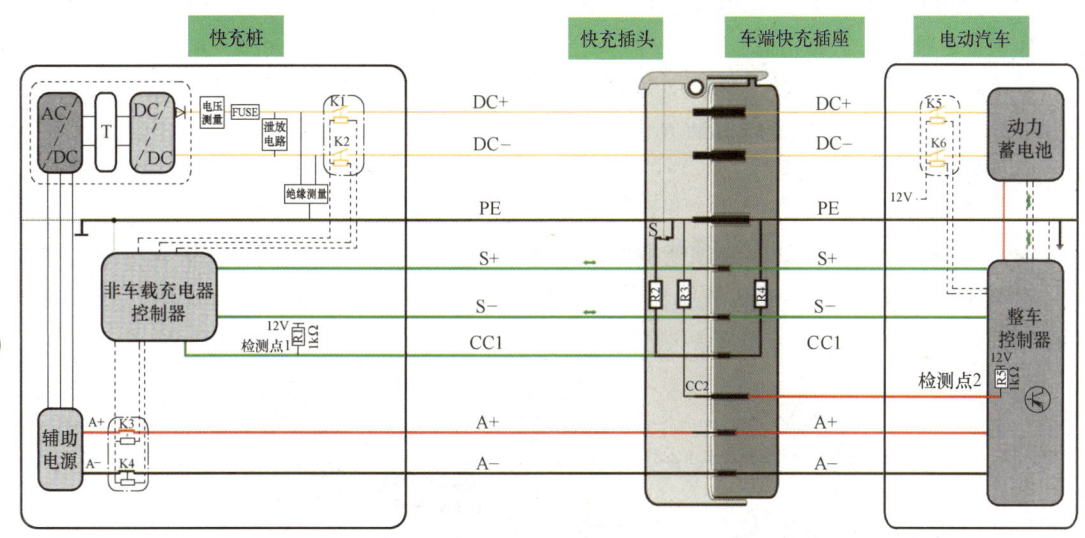

图 5-25　快充原理

电动汽车快充系统的工作原理：充电桩与电动汽车可靠连接后，低压继电器闭合，充电桩唤醒整车控制器（VCU），两者握手成功之后，进行匹配，开始进入充电阶段，充电结束后，断开相应继电器。

1）快充插头与车辆未连接时检测点 1 的电压为 6V，按下解锁按键时检测点 1 的电压为 12V（6V 和 12V 都代表充电插头未连接）。VCU 的检测点 2 为 12V（未连接）。

2）快充插头与车辆未完全连接时检测点 1 的电压为 6V，在点火开关打开的情况下 VCU 的检测点 2 电压降至 6V，检测到充电插头连接，立即下高压电，车辆禁止进入行驶状态。

3）快充插头连接过程中，继续接触到的是 DC+和 DC−端子。

4）快充插头连接过程中，继续接触到的是辅助电源的 A+和 A−端子。

5）快充插头连接接近完成且锁止机构未落下（S 开关处于断开状态），检测点 1 的电压为 6V。

6）快充插头连接完成且锁止机构落锁（S 开关处于闭合状态），检测点 1 的电压为 4V，充电桩认为充电枪处于连接状态。

7）充电桩认为充电插头处于完全连接状态后，会闭合 K3、K4 辅助电源继电器，唤醒车辆的整车控制器。

8）唤醒车辆的整车控制器后，闭合 K1、K2 并根据 VCU 提供的握手报文（最高允许充电电压）对高压电系统进行绝缘检测。

9）高压电系统绝缘检测完成后，需要对高压电系统进行放电处理，泄放完成后断开 K1、K2。

10）高压电路泄放完成后断开 K1、K2，VCU 确认充电插头连接状态后，引导车辆高压上电，K5、K6 闭合。

11）车辆高压上电完成后，快充桩会验证车辆通过报文反馈的高压电系统总电压是否与检测电压接近，符合要求后闭合 K1、K2，高压充电回路导通（K5、K6 闭合）。

12）充电桩根据车辆的充电需求调整充电电压和充电电流，使其与需求一致，继续通过 FBUS 发送各自的状态信息。

以上是简单的控制过程，在使用和操作要求上与交流充电相似。但直流充电过程，当停止充电后，需重新拔充电插头再插充电插头，才可进行第二次充电，这是为了保证充电安全。此方式区别于交流充电。

2. 快充唤醒原理

为了实现快充功能，整车必须唤醒的控制器有 VCU、BMS 以及 MCU，快充桩通过硬线信号唤醒 VCU，随后 VCU 通过硬线信号唤醒 BMS 及 MCU 并引导整车高压上电。快充唤醒原理如图 5-26 所示。

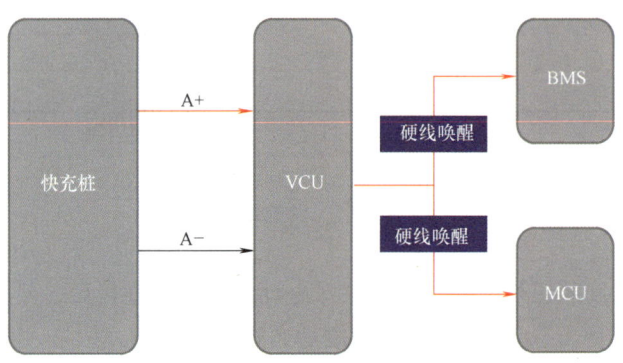

图 5-26 快充唤醒原理

车辆唤醒后，与充电桩互相发送握手报文：充电桩发送 CHM（充电器通信协议版本号）；车辆 VCU 发送 BHM（最高允许充电电压）；充电桩根据车辆最高允许充电电压进行绝缘监测，合格后进行高压回路电压泄放；充电桩发送 CRM-0X00 主动握手；车辆发送 BRM（蓄电池信息）；充电桩发送 CRM-0XAA 握手成功。

3. 快充流程

快充模式下，充电总体流程：插充电插头→唤醒→充电握手→高压上电→参数配置→充电→充电结束，如图 5-27 所示。

快充过程中，当整车被唤醒后，车与桩之间需要通过 FCBUS（250kbit/s）进行实时报文通信，充电参数的交互配置从 BMS 唤醒开始，贯穿于整个快充过程，直至充电结束。在整个快充过程中所发送的报文顺序如图 5-28 所示。

二、快充系统故障案例解析

1. 充电插头连接类故障

对于电动汽车，需要充电插头同时与桩端以及车端充电口连接可靠才可以进行快充，下面介绍充电插头与桩端以及车端连接故障的排查。

1）充电插头与桩端连接不可靠的故障现象：充电桩连接充电插头后，充电桩屏幕显示充电插头未连接，用万用表测量 CC1 与 PE 之间的电压不为 4V 左右。

项目五　充电系统结构、原理与检修

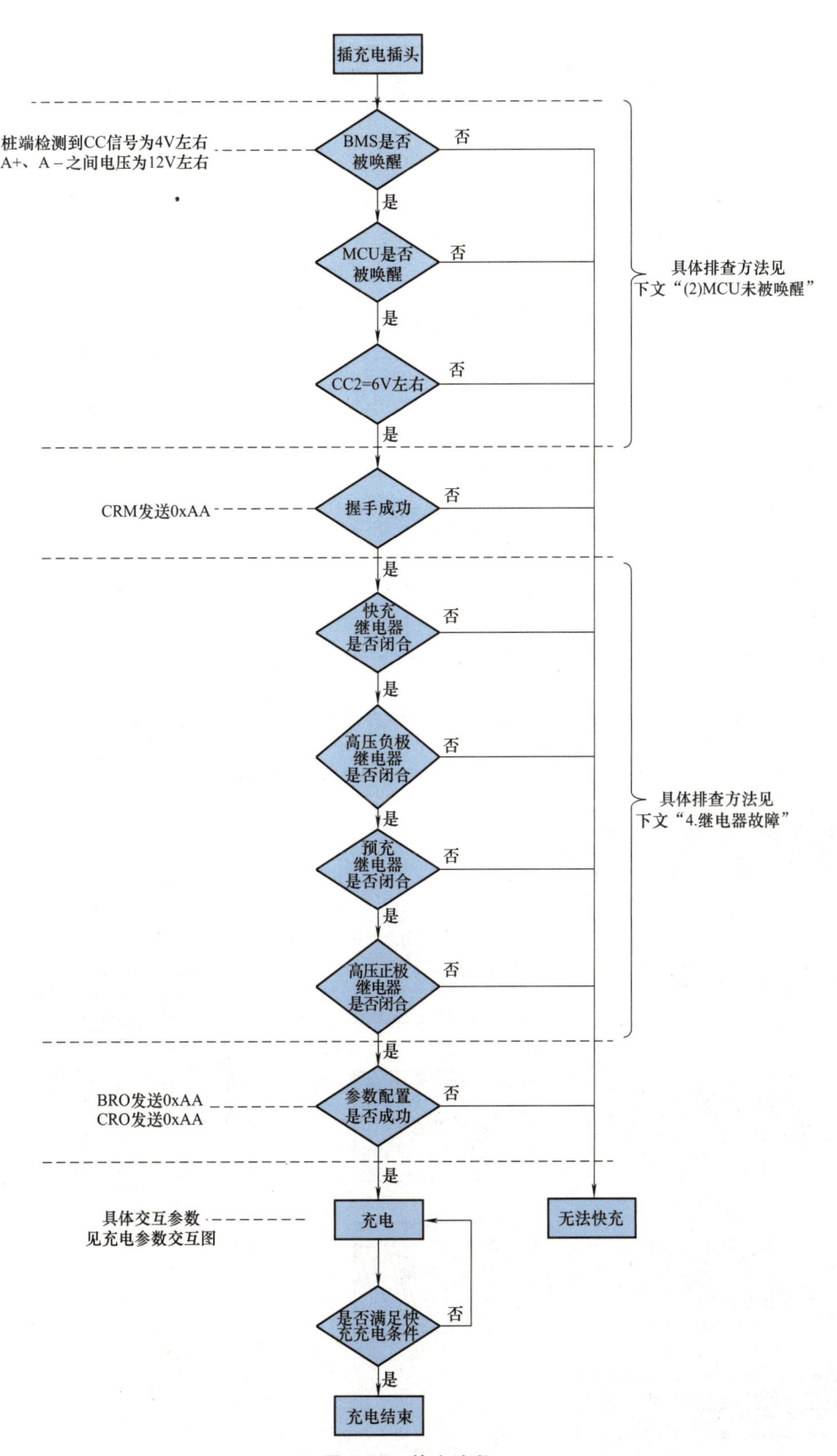

图 5-27　快充流程

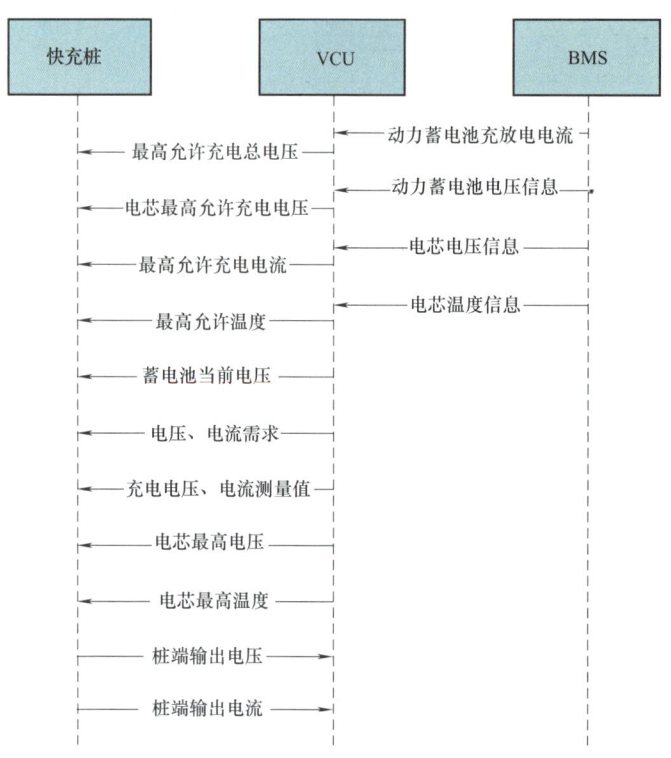

图 5-28 车辆内部通信

当发生上述故障现象时,按照图 5-29 所示的流程图进行逐一排查。

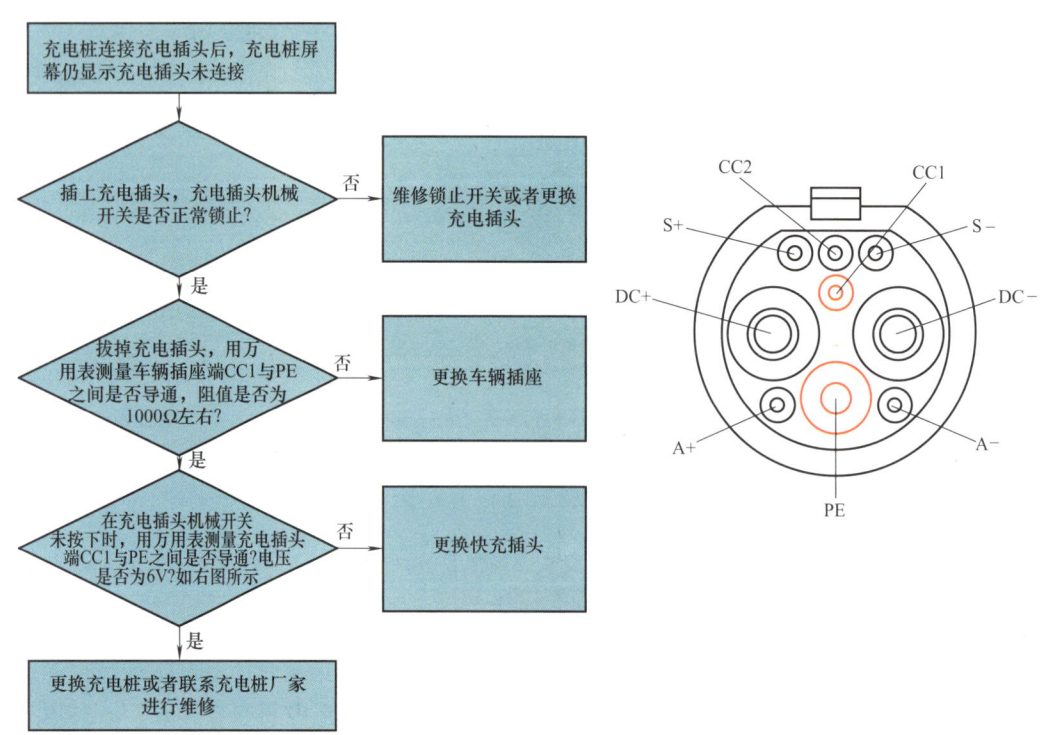

图 5-29 快充插头与桩端连接不可靠诊断流程

2）充电插头与车端连接不可靠的故障现象：车钥匙置于 OFF 档，连接充电插头后，充电桩端仪表显示充电桩连接，车端仪表充电连接指示灯未点亮；车钥匙置于 ON 档，仪表充电连接指示灯依然未点亮。

当发生上述故障现象时，请按照图 5-30 所示流程进行逐一排查。

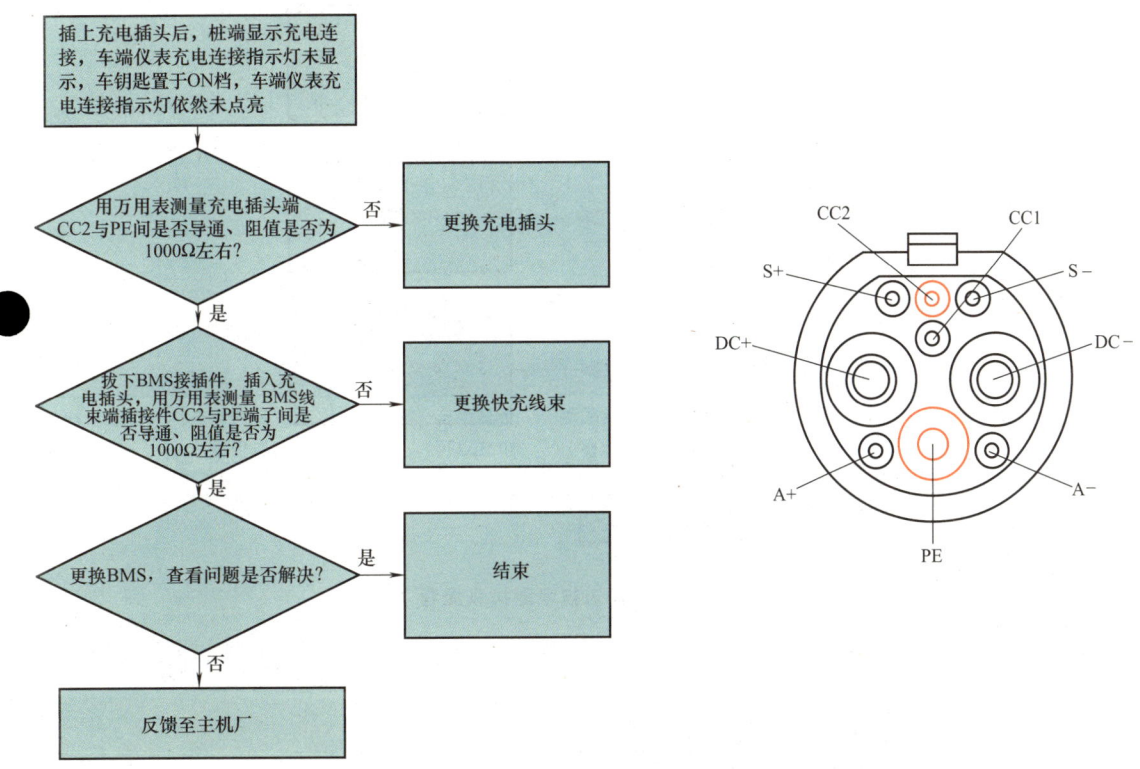

图 5-30　充电插头与车端连接不可靠诊断流程

2. 无法唤醒

根据快充唤醒原理，无法唤醒主要包括两部分：桩无法唤醒 BMS 以及 BMS 无法唤醒 MCU。

（1）BMS 未被唤醒

若 BMS 未被唤醒，表现为 BMS 无报文发出，可能的原因需逐项排查，如图 5-31 所示。

（2）MCU 未被唤醒

若 MCU 未被唤醒，表现为 MCU 无报文发出，可能的原因需逐项排查，如图 5-32 所示。

3. 握手或参数配置不成功

若 FCBUS 有报文，则对采集到的报文进行分析，从而定位故障原因，对于握手及参数配置阶段，握手失败或参数配置失败，即 CRM、BRO、CRO 没有发送 AA，具体分析排查流程如图 5-33 所示。

4. 继电器故障

继电器故障主要包括快充继电器故障以及高压继电器故障，下面对快充继电器故障需排查的内容以及相应的流程做简要介绍。

快充继电器没有闭合，表现为桩端有电压输出、无电流输出，可能的原因需逐项排查，如图 5-34 所示。

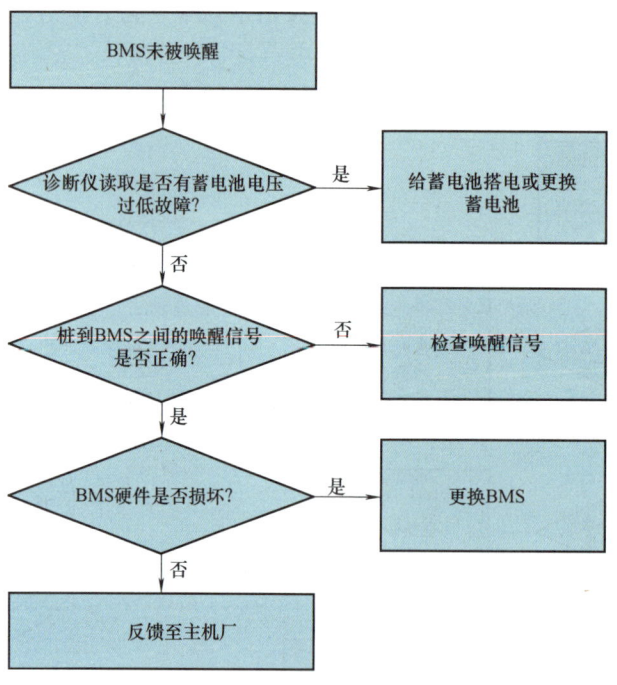

图 5-31 BMS 未被唤醒排查流程

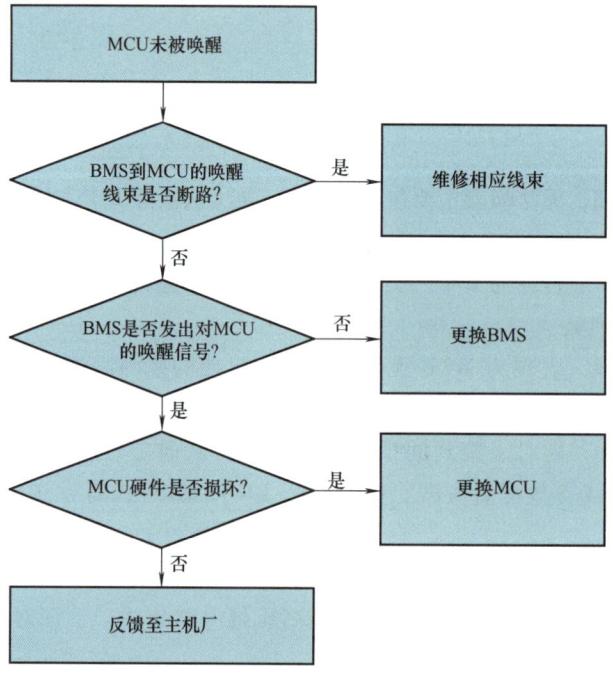

图 5-32 MCU 未被唤醒排查流程

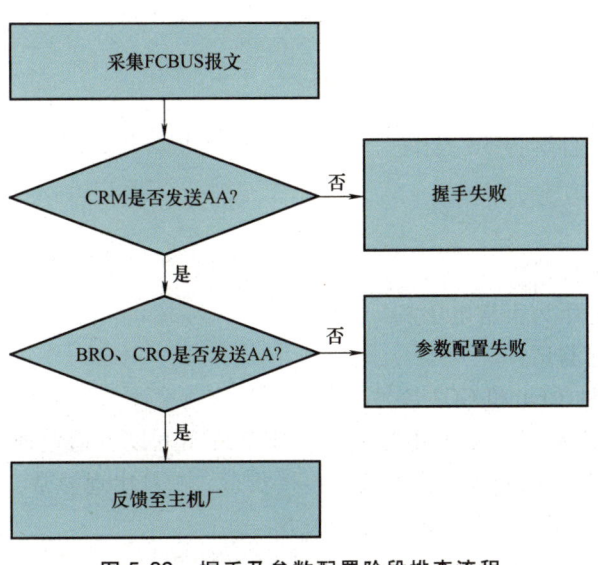

图 5-33 握手及参数配置阶段排查流程

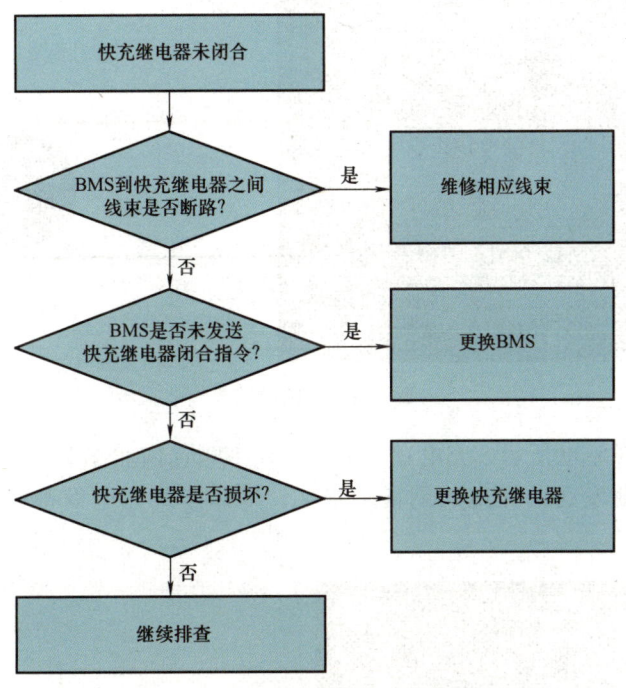

图 5-34 快充继电器未闭合排查内容

【实训任务十一】 快充系统信号检测

实训场地和器材

新能源汽车作业工位和举升机、新能源汽车整车、工作灯、专用设备、工具、测试标准、合规充电设施及场地、充电设施、高压防护用具。

作业准备

1）检查举升机。
2）整车和防护三件套等 5S 操作。

操作步骤

1）停车到作业工位。
2）确认蓄电池电压为正常电压。
3）快充系统数据测试。

测试快充插头中的 CC1 和 CC2 信号。

测试 CC1，如图 5-35 所示。充电过程中，非车载充电设备通过连接确认触头的输入电压信号进行不间断监测充电插头和充电插座连接状态，一旦出现异常，非车载充电设备立即关闭直流电源输出，在完成卸载后，断开开关 S。

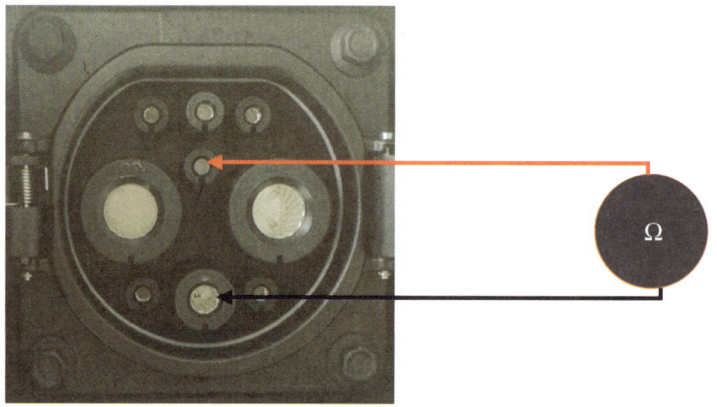

图 5-35　测试 CC1

测试 CC2，如图 5-36 所示。充电过程中，如果 100ms 内非车载充电设备没有收到动力蓄电池管理系统周期发送的充电级别需求报文，则非车载充电设备关闭直流电源输出的功能。

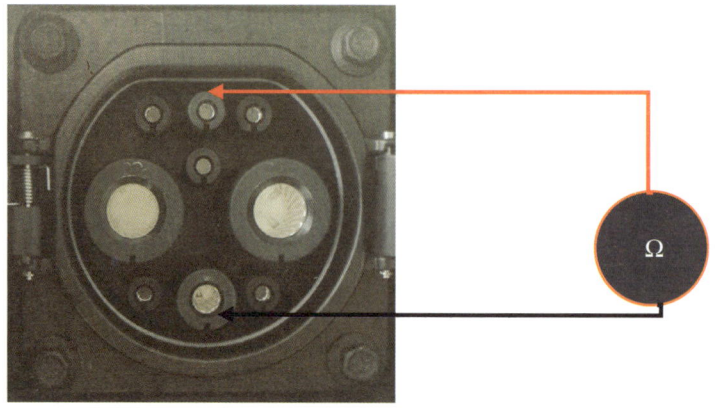

图 5-36　测试 CC2

竣工检验

整理、恢复作业场地。

实训任务总结

扫一扫 实训任务十一习题

快充系统信号检测		工作任务单		班级：	
				姓名：	

1. 车辆信息记录

品牌		整车型号		生产年月	
驱动电机型号		动力蓄电池电量		行驶里程	
车辆识别码					

2. 作业场地准备

检查设置隔离栏	□是　□否
检查设置安全警示牌	□是　□否
检查灭火器压力及有效期	□是　□否
安装车辆挡块	□是　□否

3. 记录故障现象

4. 使用诊断仪读取故障码、数据流

故障码	
数据流	

5. 画快充口简图，标出端子名称

6. 故障检测

检测对象	检测条件	检测值	标准值	结果判断

快充系统信号检测		实习日期：	
姓名：	班级：	学号：	导师签名：
自评：□熟练□不熟练	互评：□熟练□不熟练	师评：□合格□不合格	
日期：	日期：	日期：	

快充系统信号检测【评分细则】

序号	评分项	得分条件	分值	评分要求	自评	互评	师评
1	安全/5S/态度	□1. 能进行工位 5S 操作 □2. 能进行设备和工具安全检查 □3. 能进行车辆安全防护操作 □4. 能进行工具清洁、校准、存放操作 □5. 能进行"三不落地"操作	20	未完成1项扣4分	□熟练 □不熟练	□熟练 □不熟练	□合格 □不合格
2	专业技能	□1. 能正确确认故障现象 □2. 能正确测量辅助蓄电池电压 □3. 能正确检测 CC1、CC2 信号 □4. 能分析查找并规范修复快充故障部位 □5. 能规范验证快充功能	55	未完成1项扣11分	□熟练 □不熟练	□熟练 □不熟练	□合格 □不合格
3	工具及设备的使用能力	□1. 能正确使用故障诊断仪 □2. 能正确使用万用表 □3. 能正确使用内饰拆卸板	10	未完成1项扣4分，扣分不得超过10分	□熟练 □不熟练	□熟练 □不熟练	□合格 □不合格
4	资料、信息查询能力	□1. 能正确查询线束插接器端子的含义 □2. 能正确使用维修手册查询资料 □3. 能正确记录查询资料章节及页码 □4. 能正确记录所需维修信息	10	未完成1项扣3分，扣分不得超过10分	□熟练 □不熟练	□熟练 □不熟练	□合格 □不合格
5	表单填写、报告的撰写能力	□1. 字迹清晰 □2. 语句通顺 □3. 无错别字 □4. 无涂改 □5. 无抄袭	5	未完成1项扣1分	□熟练 □不熟练	□熟练 □不熟练	□合格 □不合格

总分：

参 考 文 献

［1］李佳音. 新能源汽车构造原理与检测维修［M］. 北京：机械工业出版社，2018.
［2］敖东光，宫英伟，陈荣梅. 电动汽车结构原理与检修［M］. 北京：机械工业出版社，2017.
［3］李伟. 新能源汽车构造原理与故障检修［M］. 北京：化学工业出版社，2015.